MILTON NASCIMENTO E LÔ BORGES

Clube da Esquina

Paulo Thiago de Mello

MILTON NASCIMENTO E LÔ BORGES

Clube da Esquina

Cobogó

Para Bituca, Lô Borges e toda a turma do Clube.
Para Cafi, Jards Macalé e Moraes Moreira.
Para o Coletivo Chama e as novas gerações.
Para meus irmãos: Ayla, Nando e Janine.
Para Débora Breder: Deborita mia, esta "canção" é pra você.

SUMÁRIO

Sobre a coleção **O LIVRO DO DISCO** 9

Agradecimentos 11

Prólogo: *Jules et Jim*, um rito de passagem 15

1. Trilha sonora dos anos 1970 21
2. O Clube da Esquina e a Tropicália 35
3. Mil tons entre o jazz e a bossa nova 57
4. A ditadura e o desbunde deram o contexto 63
5. Na esquina do mundo: uma poesia da estrada 79
6. Os poetas do Clube 93
7. Um cenário improvável à beira-mar 103

Epílogo 115

Referências bibliográficas 117

As canções do *Clube da Esquina* 123

Sobre a coleção O LIVRO DO DISCO

A coleção O Livro do Disco foi lançada em 2014, pela Cobogó, para apresentar aos leitores reflexões musicais distintas sobre álbuns que foram – e continuam sendo – essenciais na nossa formação cultural e, claro, afetiva. Inspirada inicialmente pela série norte-americana 33 1/3, da qual publicamos traduções fundamentais, O Livro do Disco hoje tem uma cara própria, oferecendo ao público livros originais sobre música brasileira que revelam a pluralidade e a riqueza da nossa produção.

A cada título lançado, o leitor é convidado a mergulhar na história de discos que quebraram barreiras, abriram caminhos e definiram paradigmas. A seleção de álbuns e artistas muitas vezes foge do cânone esperado. Isso se dá, sobretudo, devido à formação diversa dos autores: críticos, músicos, pesquisadores, produtores e jornalistas que abordam suas obras favoritas de maneira livre, cada um a seu modo — e com isso produzem um rico e vasto mosaico que nos mostra a genialidade e a inventividade encontradas na sonoridade e nas ideias de artistas do Brasil e do mundo.

O Livro do Disco é para os fãs de música, mas é também para quem deseja um contato mais aprofundado, porém acessível, com o contexto e os personagens centrais de trabalhos que marcaram a história da música. Em tempos de audição fragmentada e acesso à música via plataformas de *streaming*, (re)encontrar esses discos em sua totalidade é uma forma de escutar o quanto eles têm a dizer sobre o nosso tempo. Escolha seu Livro do Disco e se deixe embalar, faixa a faixa, por sons e histórias que moldaram — e seguem moldando — nossas vidas.

Agradecimentos

Pela leitura e observações, agradeço a Eduardo Graça, Fred Coelho, Joana Saraiva, Leo Cazes, Marta Nascimento, Mauro Gaspar e Paulo Marqueiro.

A Carmen Lucia Guerra, Célio Cruz, Claudio Couto Reis, Enrica Bernardelli, Felipe Berocan, Fernando Molica, Flávia Bali, Inês Perricone, Jana Linhares, Juliana Krapp, Luiz Antonio Simas, Marcelo Magdaleno, Marcelo Moutinho, Marco Antonio da Silva Mello, Marcos Dutra Lopes, Maureen Moore, Mila Chaseliov, Natasha Mazzacaro Lassalle, Renata Malkes, Rodrigo Campello, Soraya Silveira Simões, Thiago Thiago de Mello, Vivi Fernandes, Xandó Arau, Zé Octávio Sebadelhe, Zeca Torres (Torrinho) pela inspiração e o entusiasmo.

Em memória de Mary Alves, Gaudêncio Thiago de Mello, Manduka, Michele Andrea Markowitz, Mirta Vidal, Ada Chaseliov, Sonia Maria Prestes, Fernando Brant e Jeanne Moreau.

Ao pessoal da Cobogó.

Sou do mundo, sou Minas Gerais.
— Fernando Brant, Lô e Márcio Borges, "Para Lennon e McCartney"

Não me esqueça, amigo
Eu vou voltar.
— Milton Nascimento, "Morro Velho"

Soy extranjero de mi tierra,
y de las tierras por llegar.
— Manduka, "De un extranjero"

Prólogo:
Jules et Jim, um rito de passagem

Há um momento que é o início de tudo. E, paradoxalmente, esse começo se dá no depois, quando em forma de memória se reconta a trama do acontecido. É o mito de origem que inaugura uma nova ordem no Universo e reorganiza o mundo sob uma luz inédita. E nem importa seu vínculo com o real, se de fato ocorreu como relatado. É até mesmo bom que existam versões e contradições, todas com seus fragmentos de verdade. Transformado em narrativa, o mito reinventa o passado, criando linhagens, tradições e patrimônios. E, assim, também arranja o presente e orienta o futuro nos contornos peculiares de sua visão da realidade. No caso do Clube da Esquina, há uma pré-história que se conta e se repete entre os "sócios", marcando seu surgimento no encontro de Milton Nascimento, o Bituca, com os Borges no Edifício Levy, na Belo Horizonte dos anos 1960.

Mas o momento decisivo, estopim do processo de configuração dessa esquina simbólica, em torno da qual um grupo de amigos se reuniu e mudou para sempre os rumos da música popular brasileira, se deu numa projeção de *Jules et Jim*, do diretor François Truffaut, em 1964. O filme desencadeou em Bituca um processo mágico, convertendo nosso herói em compositor. Márcio Borges, fiel parceiro, vinha tentando convencê-lo a ver o filme, mas o amigo relutava, da mesma forma como resistia a aceitar sua vocação. Até que num dia repleto de sincronicidades e premonições, enfim, entrou no Cine Tupi e ficou "chapado" diante daquela história de amor e amizade, assistindo a várias sessões seguidas em profundo transe. Por fim, quando saiu do cinema, já não era mais a mesma pessoa. Havia se transformado num compositor e, naquela mesma noite, compôs três canções com seu parceiro: "A paz do amor que vem" ("Novena"), "Gira, girou" e "Crença", as duas últimas gravadas três anos depois, no primeiro disco de Milton Nascimento, *Travessia*.

O filme, lançado em 1962, trata de um triângulo amoroso cujo impasse se resolve com o fortalecimento dos laços de afeto do trio, uma solução não muito convencional para a moral daqueles dias. A história é vivida por Oskar Werner (Jules), Henri Serre (Jim) e Jeanne Moreau (Catherine). Márcio intuiu que aquele enredo inesperado tinha a ver com o amigo, que andava angustiado, sucumbindo ao peso dos dias, sem dar asas ao enorme talento que trazia no peito. E, assim, a trama e as personagens de Truffaut foram o elemento catalisador da transformação de Milton Nascimento, funcionando como um sortilégio ou uma *Gestalt*. O filme de Truffaut destravou o nó psicológico que impedia Milton de reconhecer e dar vazão a seu extraordinário potencial criador. Eis como o autor de "Travessia" descreve aquele momento:

> Ele [Márcio Borges] todo dia ficava me enchendo o saco para fazer música, e eu falava que não queria fazer. E teve uma vez que ele viu um filme e falou: "O Bituca tem que ver isso." (...) Nós entramos na sessão das duas e saímos às dez horas da noite. Tinha uma história dentro da minha família, com minha mãe, com meu pai, que o principal das nossas vidas era a amizade. E,

como a gente estava meio longe, eu sentia falta daquelas coisas. Quando eu vi aquele filme, eu falei: "Não é possível, como um cara vai buscar uma coisa tão bonita!" Eram dois amigos apaixonados pela mesma mulher, mas era uma coisa muito bonita. Aí, quando a gente saiu, eu falei com o Marcinho: "O negócio é o seguinte, vamos para tua casa. Eu pego o violão, você pega um caderno, começa a escrever e eu vou compor. Vamos começar hoje, depois desse filme." E aí fizemos três músicas. Minhas primeiras três músicas no quarto do Marcinho, tudo nessa noite, sem parar.[1]

O papel de Bituca como alma central do Clube da Esquina nasce nesse momento crucial proporcionado por Truffaut e suas personagens. Após a experiência do filme, ele pôde, enfim, incorporar sua vocação mais profunda. *Jules et Jim* foi o rito de passagem que implicou a morte simbólica do rapaz que entrou no Cine Tupi em dúvida se deveria seguir uma carreira burocrática e "segura" como escriturário, cantando nos fins de semana *standards* de samba-canção e bossa nova nas boates de Belo Horizonte. Quem saiu do cinema naquele dia mágico foi o grande artista que ele viria a ser.

Mais do que isso, a conversão de Milton em compositor deu a ele uma autoridade, reconhecida por todos os envolvidos naquela efervescência criativa, que permitiu reunir em torno de si a constelação dos membros do Clube da Esquina. Bituca não apenas se transformara num criador singular, ele se tornara o líder natural de um grupo de músicos e compositores que gra-

---

[1] GAVIN, Charles (entrevistador). *Clube da Esquina (1972) — Entrevistas a Charles Gavin: Lô Borges e Milton Nascimento*. Rio de Janeiro: Imã Editorial/Livros de Criação, 2014, p. 56.

vitava em torno de sua sensibilidade e competência como artista. Um exemplo dessa liderança é a precisão intuitiva e eficaz com que distribuía as melodias de suas canções aos poetas do grupo, Márcio Borges, Fernando Brant e Ronaldo Bastos. Ele sabia extrair dos companheiros suas potencialidades.

Foi de Bituca, já compositor experiente e com vários discos gravados, a iniciativa de convidar Lô Borges, irmão de Márcio, para ser coautor das canções do *Clube da Esquina*. Milton usou sua autoridade para convencer dona Maricota, a mãe de Lô, a deixar o menino, à época com 18 anos, parar os estudos e se mudar para o Rio. Ele também persuadiu os executivos da gravadora Odeon não só a apostar num jovem desconhecido, mas igualmente a fazer um álbum duplo, até então uma coisa raríssima no país. Por fim, o próprio Lô confiou na liderança do amigo e aceitou a incumbência. Antes de qualquer outro, foi Milton quem anteviu as potencialidades que aquela mistura de gerações poderia produzir.

A primeira canção que Márcio Borges e Milton Nascimento compuseram logo após as sessões de *Jules et Jim*, chamada "A paz do amor que vem", só seria lançada em disco trinta anos depois, em 1994, no CD *Angelus*, rebatizada de "Novena". Antes de o disco chegar às lojas, Bituca convidou Marcinho para uma audição em primeira mão em sua casa. Fazia tempo que os dois não se viam. Muita coisa acontecera desde aquele dia de 1964, em Belo Horizonte. Milton Nascimento se tornara um artista respeitado em todo o mundo (o próprio *Angelus* trazia uma constelação de astros internacionais, como Wayne Shorter, Peter Gabriel, James Taylor, Herbie Hancock, Pat Metheny e Jon Anderson), e os dois amigos andavam distantes, levados por circunstâncias do cotidiano. Marcinho relata o reencontro em suas memórias:

"Novena", afinal, era exatamente "Paz do amor que vem", aquela primeira música que havíamos gerado em parceria, numa longínqua noite de 1964. Agora um ciclo se fechava aqui. Bituca nunca a aprovara antes. O próprio nome "Paz do amor que vem" não subsistira, por razões perdidas no tempo. Muitas coisas mais tinham-se ido com aquele nome, desaparecido junto com as sensações daquela distante noite em que saímos do Cine Tupi dispostos a merecer nossa indescritível felicidade.

(...)

Agora já não éramos mais os jovens rebeldes e sonhadores e sim aqueles dois homens cinquentões, mas o pulsar e transpirar de nossas mãos dadas zerava todos os momentos intermediários. Desde muito tempo não nos víamos mais — e mesmo esse lapso estava anulado. Até o lendário Clube da Esquina não era aqui senão um desses momentos evaporados sob o calor de nossos sentimentos.[2]

Marcinho e Bituca se viam menos, mas o fio de afeto tecido naquela tarde de *Jules et Jim*, ainda que esgarçado pelo tempo e a distância, continuava coeso em sua essência. Como o próprio filme de Truffaut, que trata da amizade que sobrevive à guerra, à fúria da paixão e, sobretudo, ao tempo, aquele momento de audição do *Angelus*, em que Bituca tomou as mãos do velho amigo entre as suas para ouvirem juntos o disco, fechou um ciclo na vida de ambos. E o gesto de carinho sintetizou o que é o *Clube da Esquina*: mais que um disco, mais que um movimento, uma aventura amorosa fundada na amizade.

---

[2] BORGES, Márcio. *Os sonhos não envelhecem: Histórias do Clube da Esquina*. São Paulo: Geração Editorial, 2013, p. 354-5.

1. Trilha sonora dos anos 1970

O *Clube da Esquina* já fazia parte da minha identidade antes mesmo de ouvi-lo a primeira vez. Corria o ano de 1972, quando o disco foi lançado, e o Brasil vivia uma ditadura brutal, mas também se tostava ao sol por força de sua natureza hedonista e vocação para a alegria. No auge da violência do regime militar, coisas extraordinárias aconteciam nas brechas e distrações da censura. Movimentos culturais com raízes nos anos 1950/60 se consolidavam ou ganhavam contornos radicais, enquanto outros, inéditos, emergiam como reação espontânea à asfixia geral, alimentados pela sensação coletiva de desamparo que vinha da constatação de que o Estado era o inimigo comum.

A resistência se manifestava por via da ação política direta, inclusive da luta armada, mas igualmente por comportamentos que feriam a ordem vigente, como o desbunde, o escracho, a curtição, entre outras atitudes vistas por alguns como alienação, mas que davam corpo em seu conjunto a uma importante vertente da contracultura brasileira. Uma contracultura carnavalizada e solar, instruída por leituras como *Eros e civilização*, de Marcuse, ou *A função do orgasmo*, de Reich, e experimentos, como o psicodrama, a *Gestalt*-terapia, o inconsciente coletivo de Jung, o orientalismo, a macrobiótica, a psicodelia e, sobretudo, as drogas lisérgicas e os psicotrópicos.

Foi nesse mesmo verão, na praia de Ipanema, mais precisamente no píer em frente às Dunas do Barato,[3] onde surgiu a tanga, o minúsculo biquíni que desafiava os bons costumes, ao expor, além dos corpos morenos e esguios, a força de uma moral libertária e rebelde, que se contrapunha à caretice e invocava a mesma coragem pioneira de Leila Diniz, que mostrou sem constrangimento sua gravidez num maiô de duas peças. Era como se a economia de pano fosse uma resposta amorosa a se contrapor à repressão política e comportamental. A tanga simbolizou, naquele início de década, a ousadia de uma juventude que chegava à vida adulta sem vergonha de mostrar o corpo e se expressar por meio de uma ética que misturava samba e rock e nutria um mau humor irracional e intuitivo em relação a todos os dogmas.

Mas os jovens mergulhados na contracultura eram duramente criticados à esquerda e à direita. Os primeiros os acusavam de alienação e os outros, de imorais, depravados e "doidões". Essa irritação tinha raízes nas décadas anteriores e ficou especialmente visível nos anos 1960, durante os festivais da canção, quando o acirramento político chegou à música popular, dividindo o público. De um lado, a guitarra elétrica se tornara o símbolo da submissão ao imperialismo cultural norte-americano

---

[3] O píer era uma plataforma que invadia duzentos metros mar adentro, instalada para a construção de um emissário submarino de esgoto. As obras começaram em 1970 e só foram concluídas no fim de 1974. As escavadeiras usadas na montagem do píer fizeram enormes dunas, onde os jovens se reuniam para fazer música, namorar e consumir drogas, abrigados do olhar vigilante dos agentes do regime e da indignação moral da elite ipanemense. O nome faz referência à cantora Gal Costa, que frequentava a área e tinha gravado "Vapor Barato", com parceria de Waly Salomão e Jards Macalé, canção que se tornou uma espécie de hino da contracultura, mas também ao fato de que os jovens se reuniam ali para fumar maconha.

e britânico; de outro, compositores como Chico Buarque, Edu Lobo e Tom Jobim eram vistos como representantes de uma estética decadente, careta e velha. A Jovem Guarda era alienada e o tropicalismo, um deboche. Esses antagonismos ganhavam fôlego na mídia, especialmente na imprensa. E, apesar do clima belicoso, a produção cultural vivia uma efervescência sem-par.

No mesmo ano de 1972, além do *Clube da Esquina*, foram lançados outros discos antológicos. Caetano Veloso, por exemplo, depois de colocar no mercado *Transa*, gravado em 1972 no estúdio dos Beatles durante o exílio em Londres, selava uma espécie de paz simbólica entre a Tropicália e a MPB, num show com Chico Buarque, registrado ao vivo no Teatro Castro Alves, em Salvador,[4] e lançado em LP. Tom Jobim colocava nas lojas de disco *Águas de março*; Gilberto Gil, *Expresso 2222*; Paulinho da Viola, *A dança da solidão*; Jards Macalé, seu disco homônimo; e Jorge Ben Jor (na época, Jorge Ben), *Ben*. Os Novos Baianos, com *Acabou chorare*, inauguravam sua identidade definitiva, misturando rock, samba e bossa nova numa linguagem singular, além de fazerem ao vivo, no Rio, desde o ano anterior, a abertura do show de Gal Costa, *Fa-Tal — Gal a todo vapor*, no Teatro Tereza Rachel, produzido por Waly Salomão.[5] Por fim, exilado no Chile, Manduka lançava seu primeiro

---

[4] O show de Caetano e Chico, juntos, soava mesmo como o início de uma nova era na música popular brasileira, já que os dois eram de certo modo ícones de correntes culturais que foram construídas, pela mídia e os festivais, como antagônicas. Tal aproximação tornou aquele encontro antológico.

[5] É nítida a influência de João Gilberto no grupo e, no entanto, os Novos Baianos tinham uma linguagem original, expressa sobretudo nas parcerias de Moraes Moreira, na música, com Luiz Galvão, na poesia. *Acabou chorare* e *Clube da Esquina* representaram, naquele momento, duas grandes expressões da música popular brasileira da nova geração.

disco, acompanhado pelo grupo Los Jaivas e pela cantora venezuelana Soledad Bravo. Uma parceria neste disco com Geraldo Vandré ("Pátria amada, idolatrada, salve, salve") acabaria por dividir com a chilena Isabel Parra o prêmio principal do Primeiro Festival Internacional da Canção de Agua Dulce, no Peru.[6]

No ano seguinte, em 1973, enquanto a repressão se tornava ainda mais sufocante e violenta,[7] outra leva de discos incontornáveis da história da MPB marcaria para sempre a produção musical brasileira. João Gilberto lançou o LP homônimo, de voz, violão e uma leve percussão, que se tornou referência em sua obra como o "álbum branco do João". Houve ainda: a estreia dos Secos & Molhados; Elton Medeiros lançando seu primeiro disco solo; Luiz Melodia, *Pérola negra*; Gonzaguinha, *Luiz Gonzaga Jr.*; Gal Costa, *Índia*; Elis Regina, *Elis*; Paulinho da Viola, *Nervos de aço*; Sérgio Sampaio, *Eu quero é botar meu bloco na rua*; Tom Jobim, *Matita Perê*; Tom Zé, *Todos os olhos*; entre outros.

Ao mesmo tempo, os amantes do Cinema Novo de Glauber Rocha, Ruy Guerra e Nelson Pereira dos Santos viam surgir

---

[6] O Agua Dulce foi um festival desenhado para apresentar canções de protesto, a chamada "nova trova" latino-americana, ainda desconhecida no Brasil. A canção de Isabel, "La hormiga vecina", acabaria integrando seu disco *De aquí y de allá*, lançado em 1972. O festival contou ainda com figuras como a peruana Susana Baca e a cubana Omara Portuondo. Ver NUZZI, Vitor. *Geraldo Vandré: Uma canção interrompida*. São Paulo: Editora Scortecci, 2015.

[7] O Brasil vivia sob o comando do presidente-general Emílio Garrastazu Médici, no período mais violento da repressão. No mesmo ano, ocorreu em 11 de setembro o golpe militar no Chile, derrubando o governo de Salvador Allende, ampliando o espectro de atuação da aliança de repressão conhecida como Operação Condor, coordenada por países da América do Sul, com cooperação da CIA.

o cinema marginal e a geração *underground* (movimento também chamado Udigrudi), com Julio Bressane, Rogério Sganzerla, Ivan Cardoso e Neville D'Almeida. No teatro, a produção engajada de Augusto Boal e o experimentalismo dionisíaco de Zé Celso Martinez Corrêa passavam a dividir a cena com uma geração mais nova de autores, diretores e atores que se estruturava em coletivos e oficinas, num modelo de gestão em que todos participavam de cada etapa, da criação das peças à busca de financiamento. Grupos como Asdrúbal Trouxe o Trombone introduziram uma linguagem própria, misturando a lírica concisa e performática da poesia marginal e a filosofia trágica de Nietzsche. E, assim, preparavam o terreno para o que viria na década seguinte, do Circo Voador ao BRock, passando pelo humor escrachado do teatro besteirol.

A luta contra o Estado, portanto, tinha contornos que iam além da arena política convencional. Naquele início dos anos 1970, a guerra pela liberdade também se dava no campo íntimo da subjetividade. O Brasil se tornara um país dividido entre a dura realidade do regime militar e um reino onírico governado pelo imperativo do gozo. E essa dicotomia impregnava a cultura pop que, com as canções de protesto proibidas, se firmava no horizonte como a língua comum que todos entendiam, porque era feita da geleia geral preconizada pelos tropicalistas. Um pop, diga-se de passagem, que aceitava tudo, mas vibrava acima dos modismos de estação, produzidos pela indústria fonográfica para consumo rápido. Assim, o Brasil começava a ocupar, com voz singular, o espaço que lhe cabia na aldeia global.

É inegável a explosão inventiva que o país vivia, sobretudo se considerarmos a atmosfera opressiva da época e os obstáculos técnicos de gravação, reprodução, distribuição e divulgação. Uma criatividade espantosa, que, como vimos, não se restringia à música. A literatura, o teatro, o cinema e as artes plásticas produziram movimentos seminais, marcando, talvez, o nosso período mais fértil. Tratava-se, portanto, de um curioso paradoxo: num momento em que quase tudo era censurado ou proibido, a inovação artística e comportamental explodia, sem limites.

Uma riqueza em seu conjunto tão mais fulgurante que o momento atual de nossa produção artístico-cultural, em que a pulsão criadora e a originalidade parecem ter perdido substância e se fragmentado, devido ao fechamento do mercado. Hoje, isto pode soar especialmente paradoxal num contexto em que as tecnologias digitais permitem gravar e reproduzir de forma caseira com excelência técnica, o que não existia nos anos 1960/70. Do mesmo modo, a divulgação dos trabalhos ganhou canais e espaços inéditos, bem além do rádio e da TV. O potencial proporcionado pelas novas tecnologias de gravação e os espaços virtuais de reprodução e divulgação estimularam a proliferação de obras originais, pulverizando o mercado cultural em nichos improváveis. Um universo tão amplo, no entanto, levou a indústria fonográfica e a mídia em geral a se fecharem conservadoramente em segmentos antes considerados viáveis comercialmente.

O resultado é que boa porção da música popular comercializada hoje no Brasil parece se enquadrar obedientemente a gêneros e subgêneros, como a axé music e o sertanejo universitário. Esses nichos, nutridos pelos departamentos de marketing das grandes gravadoras e divulgados pela mídia, abastecida por kits de imprensa, releases, fotos, dados curiosos para matérias jornalísticas etc., atraem o foco das reportagens culturais para si próprios. Independentemente da qualidade e da validade estética dessas expressões de gêneros, seus modelos e fórmulas parecem se impor sobre a criatividade dos artistas, reduzindo os espaços para experimentações. Assim, as possibilidades de geração de ideias novas ficaram mais restritas, amarradas que estão a esse sistema. Não se trata de uma discussão opondo alta cultura e arte comercial, mas, sim, sobre a falta de canais de invenção artística e autenticidade, como se viu nas décadas anteriores. Mas não nos apressemos, retornaremos a este assunto adiante.

Voltando àquele remoto 1972, tudo fez sentido em minha cabeça quando, na casa de um primo que trabalhava numa loja de discos, ouvi o *Clube da Esquina* pela primeira vez, recém-chegado às boas casas do ramo e ainda longe das ondas do rádio. Atravessamos faixa por faixa num silêncio reverente, com a sensação de que esperávamos aquilo há algum tempo. Com o disco, o mundo fazia um pouco mais de sentido e um novo ciclo se abria, para o qual já estávamos prontos. Era a trilha sonora dos meus 12 anos, época em que firmava os passos na adolescência e me despedia da infância, com os níveis de testosterona em completa ebulição. E, apesar de ter as liberdades mais básicas tolhidas, vislumbrava um futuro e me sentia integrado ao Universo.

O disco não era tropicalismo ou bossa nova, tampouco era canção de protesto, rock, MPB clássica ou pop, como o Secos & Molhados, mas englobava a seu modo tudo isso de uma forma que soava simultaneamente "natural" e moderna. A sofisticação em sua música era perceptível mesmo para uma audiência não especializada. Ao incorporar Lô Borges como coautor, o *Clube da Esquina* não era nem mesmo o Milton Nascimento de "Travessia", a canção que o tornara conhecido nacional e internacionalmente ao ficar em segundo lugar no

Festival Internacional da Canção, em 1967.[8] Nas palavras de Márcio Borges: "Dessa misturança toda, a gente criou uma sonoridade original."[9]

Percebia-se que o LP era algo fora do comum não só pelo conteúdo, mas também pela forma. Para começar, era um álbum duplo, algo raríssimo no Brasil daqueles tempos, só Gal Costa havia lançado um disco duplo — e, mesmo assim, poucas semanas antes. A capa foi outra inovação e acabou se tornando uma das mais icônicas do país. Criação do fotógrafo pernambucano Cafi, seu *design* fugia totalmente ao convencional. Em vez de trazer a foto dos artistas, seus nomes e o nome do disco, o álbum mostrava apenas uma imensa foto colorida, repleta de metáforas visuais e analogias atordoantes. O cenário é um barranco isolado do mato por arame farpado, sugerindo opressão, miséria e ruralidade; e, no primeiro plano, dois meninos pobres, um negro, com um ar sério e desconfiado, e o outro, branco, com um sorriso inocente, reforçando os contrastes insinuados. Era um retrato que simbolizava a parceria entre Bituca e Lô. Segundo Cafi, a capa representava a síntese dos encontros que o disco propunha, entre o interior do Brasil e o pop mundial, entre a viola caipira e os Beatles.[10]

---

[8] Milton receberia o prêmio de melhor intérprete. Conta-se que a derrota de "Travessia" para "Margarida", de Guttemberg Guarabyra e Grupo Manifesto foi considerada uma injustiça e gerou polêmica, levando à mudança da composição do júri do festival no ano seguinte.

[9] Este depoimento consta do documentário *História do Clube da Esquina — A MPB de Minas Gerais*, dirigido por Bel Mercês e Letícia Gimenez.

[10] Este depoimento, dado por Carlos da Silva Assunção Filho, o Cafi, ao Museu do Clube da Esquina, está no endereço eletrônico (consulta em outubro de 2015): http://www.museuclubedaesquina.org.br/museu/depoimentos/cafi/.

Para o fotógrafo, o disco traz uma ideia de ruralidade que permeia todo o trabalho, mas ao mesmo tempo se presta bem ao diálogo com o pop internacional, em especial o rock britânico:

> Me convidaram para fazer a capa. Escolhi então a foto de dois meninos que eu tinha tirado em Minas, porque captava bem o sentimento do disco. Era uma coisa extremamente rural, e é assim que eu vejo o *Clube da Esquina*, como um encontro musical. É uma música meio rural misturada com rock. Tem muita influência dos Beatles, misturada com viola caipira. E a capa tentava ser isso, além de representar o Milton e o Lô Borges.[11]

Ronaldo Bastos, que participou da concepção da capa do disco, embora não tenha assinado a coautoria com Cafi, lembra como foi todo o processo:

> Sobre a capa do *Clube da Esquina 1*, nessa época eu saí de casa e fui morar com o Cafi, que tinha se casado. A gente começando a vida, não tinha grana nenhuma, na batalha. E a gente envolvido inteiramente com essa história do *Clube da Esquina*. Então tinha uma coisa que era o seguinte: a gente arranjava um dinheirinho pra comprar filme e fotografava tudo; das imagens que a gente

---

[11] COHN, Sergio (org.). *Nuvem Cigana: poesia & delírio no Rio dos anos 70*. Rio de Janeiro: Azougue, 2007, p. 51. Na verdade, a foto foi feita nos arredores de Nova Friburgo, no Rio de Janeiro. Quarenta anos após o lançamento do disco, a jornalista Ana Clara Brant fez uma reportagem para o jornal *O Estado de Minas*, publicada em 18 de março de 2012, revelando a identidade dos meninos da capa do disco, Tonho e Cacau. Segundo a reportagem, a foto havia sido feita por Cafi de dentro de um carro, quando passava pelos arredores da cidade serrana fluminense, e ele vira os dois meninos sentados à beira da estrada, sem que nenhum dos três pudesse imaginar que a imagem se tornaria o símbolo da vertente mineira da MPB, inaugurada com o disco *Clube da Esquina*.

tem dessa época, a maioria são dessas fotos que o Cafi tirou. A gente vivia pra cá e pra lá de fusquinha — a grande importância do *Clube da Esquina* é o Fusca, que é um dos elementos fundamentais dessa época — e ia nos lugares fotografando todas as coisas que estavam acontecendo, em cada uma dessas casas, tudo. E, especialmente, a gente tinha um negócio, nessa época, que era fotografar a nuvem perfeita — tem até uma foto dessas no *Clube da Esquina*, que depois, no *Clube da Esquina 2*, está no selo. A gente fotografava nuvem perfeita e circo mambembe, porque com circo a gente tinha o projeto de um livro — que a gente nunca fez. Então, a gente entrava nas estradas atrás de circo e atrás das nuvens. Onde os meus pais moravam, tinha uma fazenda e a galera ia. A gente saía de um lugar: "Vamos pra Friburgo." E a gente já estava à procura da casa, já estava nesse processo do *Clube da Esquina*. E aquela foto foi o seguinte. A gente estava no fusquinha, numa estrada dessas, e tinha dois garotos ali parados. Eu parei o carro e falei — não sei se fui eu ou o Cafi quem falou: "Fotografa isso." E fotografou, foi assim, da janela, de dentro do Fusca. A gente fotografou e foi embora. Era mais uma foto daquelas que a gente fazia — que depois virou a foto da capa. Aí o Cafi chamou o Noguchi, que era um cara que também me foi apresentado pelo Márcio Borges, e que foi uma pessoa fundamental nessa concepção, assim como o Kélio Rodrigues. Eu aprendi muito nessa época, na minha concepção, de artes gráficas, com os livros, com as coisas que eles faziam. E também na vida. O Cafi chamou o Noguchi pra fazer o letreiro — aquele letreiro *Clube da Esquina* — e ele foi um mestre incrível para a gente.[12]

---

[12] Depoimento ao Museu do Clube da Esquina (consulta em 12/8/2016), disponível em: http://www.museuclubedaesquina.org.br/museu/depoimentos/ronaldo-bastos/.

Apesar das evocações de ruralidade da capa, o disco era essencialmente urbano, extrapolando inclusive a cena cultural de Belo Horizonte, embora seu cosmopolitismo não fosse o mesmo do eixo Rio-Salvador-São Paulo. O LP dialogava com o mundo em seus próprios termos, a partir de um olhar introspectivo, ressoando a personalidade de Bituca e seus amigos. Instituía um fraseado melódico raro, porém estranhamente íntimo, produzindo um som original e, ao mesmo tempo, universal. O *Clube da Esquina* foi, nesse sentido, um disco revolucionário, não apenas tecnicamente, pela linguagem musical formal que criou, ou pela força estética de sua poesia urbana, que, com a mediação de Ronaldo Bastos, dialogava com os poetas marginais do Rio, em especial o coletivo Nuvem Cigana. Sem a pretensão de se tornar um movimento, o álbum abriu caminho para uma onda cultural que se refletia no comportamento e nas atitudes da nova juventude urbana. E fazia isso apresentando uma música extremamente refinada e autêntica.

Márcio Borges, em seu livro de memórias, sugere que o Clube, ou pelo menos seu "núcleo criativo", caminhava paralelamente à efervescência cultural da época, mergulhado no próprio som, e foi isso que permitiu que se fizesse um trabalho original e distinto:

Ditadura total. Aumento da violência policial. Liberdades civis suspensas. Protestos abertos e dissensões não são mais absolutamente permitidos. Muitos cidadãos, inclusive artistas importantes, são abordados, presos, exilados ou forçados a deixar o país. Apoiado por um vasto esquema de publicidade, Roberto Carlos, com seu som elétrico, torna-se o ídolo definitivo do povão, *crooner* romântico de uma música altamente imitativa, haja vista a quantidade de versões que dissemina a Jovem Guarda. A realidade também mudou a cara da bossa nova, fazendo sair a *finesse*, o bom-tom, o dia ensolarado com o barquinho a viajar, e introduzindo o carcará, o proletário, o tema de protesto. O show *Opinião*, depois de cinco anos, já havia se tornado lenda. Os festivais de música promovidos pelas TVs, apesar de acusados de favorecer os interesses dos patrocinadores comerciais, tinham revelado o que havia de melhor nesses últimos anos: Chico Buarque, Edu Lobo, Caetano Veloso, Gilberto Gil, Geraldo Vandré, Paulinho da Viola e o próprio Bituca. Foi a partir desses eventos que a sigla MPB tornou-se integrante do vocabulário das pessoas bem pensantes. A Tropicália incorporava a Jovem Guarda, em vez de rejeitá-la, em nome de uma modernidade que invocava o movimento de 1922, o concretismo dos poetas paulistas, as rimas do samba convencional, o considerado mau gosto, o kitsch e a tecnologia moderna. Salvo uma ou outra atitude mais *avant-garde* minha ou de Ronaldo [Bastos], o quarteto criativo que formávamos com Bituca e Fernando [Brant] permaneceu mais ou menos alheio a essas coisas, embora achando muito natural o uso de guitarras elétricas etc.[13]

Em resumo, o LP dos mineiros era o produto cultural de uma linhagem formada pelas sucessivas transformações na música brasileira moderna, desde os clássicos, como Pixinguinha, Noel Rosa, Ary Barroso e Dorival Caymmi, à bossa nova de Tom, Vinicius, Lyra, Menescal, João Gilberto e outros. Mas

---

[13] BORGES, Márcio. Op. cit., p. 206-7.

incluía igualmente elementos externos, como o jazz fusion e o rock dos Beatles. E o resultado dessas inspirações misturadas à influência da toada mineira foi um som realmente novo. Isso foi possível graças à mentalidade que surgiu após as revoluções da bossa nova e da Tropicália, que propunham, cada qual a seu modo, a mistura e o sincretismo.

2. O Clube da Esquina e a Tropicália

O Clube da Esquina seguia um caminho mais intuitivo do que o formalismo minucioso que marcara os movimentos de vanguarda até então, sobretudo a Tropicália. Caetano Veloso aponta uma diferença crucial em seu livro biográfico *Verdade tropical*, quando afirma, mencionando a citação da canção "Cravo e canela" em seu disco *Araçá azul* como uma homenagem ao compositor mineiro, que o trabalho de Milton Nascimento era "tão notável e tão diferente do nosso (mesmo oposto ao nosso, em certos aspectos)".[14] E esta não é uma afirmação banal. Sem entrar em detalhes, Caetano revela sua admiração por Bituca, a quem considera um gênio, mas vê o *Clube da Esquina* como uma proposta que, pelo menos "em certos aspectos", é o oposto da Tropicália.

E aqui cabe um parêntesis.

Araçá azul foi lançado em 1973, um ano depois do *Clube da Esquina* e no mesmo ano em que Milton Nascimento fez seu disco mais experimental: *Milagre dos peixes*. Se compararmos os experimentalismos de *Araçá azul* e *Milagre dos peixes*, veremos que este último constrói sua força estética a partir da

---

[14] VELOSO, Caetano. *Verdade tropical*. São Paulo: Companhia das Letras, 1997, p. 487.

reação à censura, que proibiu a letra de oito das 11 canções.[15] Depois de quase desistir do projeto, Bituca gravou o disco sem as letras censuradas, mas manteve, além dos nomes dos parceiros nos créditos, a eloquência subversiva na vocalização angustiada, plena de falsetes, modulações de tom, gritos e outros efeitos vocais apoiados pela inigualável percussão de Naná Vasconcelos, pela voz singular de Clementina de Jesus, que abre o disco, e por músicos do naipe de um Wagner Tiso, Paulo Moura, Novelli, Nivaldo Ornelas, Paulinho Braga, Nelson Angelo, Robertinho Silva, muitos dos quais já haviam atuado nas gravações do *Clube da Esquina*, no ano anterior. O resultado, como bem percebeu o jornalista Luiz Maciel, foi um disco essencialmente mais subversivo do que teria sido com as letras censuradas. Uma sonoridade que emanava de forma impressionista o sentimento de terror que assolava o Brasil.[16]

Araçá azul, por sua vez, é um empreendimento que delimita uma ruptura de Caetano em relação à própria carreira, necessária, segundo ele, para que pudesse retomar seu trabalho em outras bases, após a experiência no exterior, forçada pela prisão e o exílio impostos pelo regime militar. O nome nasce de um sonho do compositor com a irmã cantora, Maria Bethânia: do alto de um pé de goiaba (araçá, na Bahia), ela lhe chamava a atenção para um exemplar azul da fruta, logo antes de a cantora cair da árvore. O susto da queda fez Caetano acordar angustiado e atribuir um caráter premonitório àquela experiência onírica. Mas

---

[15] Parcerias com Fernando Brant, Ronaldo Bastos, Lô Borges, Márcio Borges e Ruy Guerra.

[16] MACIEL, Luiz. "A arte de colocar no som o que a censura tirou da letra... E fazer um disco revolucionário". In ALBUQUERQUE, Célio (org.). *1973, o ano que revolucionou a MPB: A história por trás dos discos que transformaram a nossa cultura*. Rio de Janeiro: Sonora, 2013, p. 255-64.

Rogério Duarte, parceiro de Tropicália, o convenceu a considerar o sonho sob uma luz mais psicanalítica, com referência a uma possível competição inconsciente com a irmã.[17]

No disco, o compositor baiano recorre ao método que desenvolvera ao fazer a trilha sonora de *São Bernardo*, o filme de Leon Hirszman baseado na obra homônima de Graciliano Ramos, que consistia em compor, em puro improviso, à medida que assistia às cenas do filme. Esse sistema, aplicado a *Araçá azul*, resulta em explosões catárticas, em relação às quais Caetano teve total liberdade de produzir, graças à sensibilidade do presidente da PolyGram Brasil à época, André Midani, e ancorada no grande sucesso de vendas do LP do show ao vivo, com Chico Buarque no Teatro Castro Alves. O desempenho comercial de *Araçá azul*, no entanto, decepcionou, registrando um recorde de devoluções por consumidores surpreendidos e relutantes em embarcar na aventura sonora proposta pelo compositor baiano.[18]

---

[17] MOREIRA, Ricardo. "A liberdade é Araçá Azul". In ALBUQUERQUE, Célio (org.). *1973, o ano que revolucionou a MPB: A história por trás dos discos que transformaram a nossa cultura*. Rio de Janeiro: Sonora, 2013, p. 89-97.

[18] No ano de 1973, Tom Zé lançou seu disco *Todos os olhos*, já insinuando as experimentações estéticas que se tornariam mais explícitas a partir de *Estudando o samba*, de 1976. É interessante observar que, enquanto Caetano Veloso, após o fracasso de vendas de *Araçá azul*, trilhou um caminho mais pop em seus discos posteriores (assim como Gilberto Gil), Tom Zé, o terceiro membro do "núcleo duro" do tropicalismo, permaneceu num projeto estético mais radical, que ele próprio descreveu como "descanção" e desafio aos ouvidos do "gosto médio vigente". Talvez por isso tenha amargado um longo ostracismo na cena musical brasileira e um injusto esquecimento na história da Tropicália. Ver OLIVEIRA, Bernardo. *Estudando o samba: Tom Zé*. Coleção O Livro do Disco. Rio de Janeiro: Cobogó, 2014.

Ao comentar esse trabalho em *Verdade tropical*, Caetano cita outros discos lançados na mesma época, que lhe soaram revolucionários e mais bem acabados do que *Araçá azul*, como *Ben*, de Jorge Ben Jor; *Ou não*, de Walter Franco; e *Amazonas*, de Naná Vasconcelos. Ele não cita *Clube da Esquina* nem *Milagre dos peixes*,[19] reforçando, ao que parece, a distinção que faz, ao reconhecer o talento e as virtudes individuais de Milton Nascimento ("Mil tons, seus sons e seus dons geniais", como afirma o baiano no verso de *Podres poderes*), ao mesmo tempo em que é menos generoso com respeito ao "experimento" do *Clube da Esquina*, em relação ao qual, em seu livro de memórias, é lacônico, dizendo apenas que é, em alguns aspectos, o oposto do que os baianos propuseram. Caetano não elabora mais detalhadamente esta afirmação, mas acrescenta que Bituca, "a quem não festejáramos de público na nossa volta [do exílio] com a ênfase que ele parece ter esperado (e não o fizemos por senso das diferenças e por *horror à demagogia*)", se decepcionara com isso.[20]

Que diferenças seriam essas que tornariam um elogio ao *Clube da Esquina* um ato demagógico? Me pergunto se, ao menos em parte, a decepção de Bituca mencionada por Caetano não se deva à expectativa frustrada do autor de "Morro velho" de que os tropicalistas aplaudissem a guinada pop-rock que o *Clube da Esquina* representava em sua carreira. Em entrevista à revista *O Bondinho*, em abril de 1972, na qual mostrou-se inicialmente reticente e tímido em suas respostas, Bituca acabou por desabafar, sem mencionar nomes:[21]

---

[19] VELOSO, Caetano. Op. cit., p. 487.
[20] Idem, p. 487-8, grifos meus.
[21] Ao descrever o contexto da entrevista, o repórter de *O Bondinho* Wilson Moherdaui diz que, diante da timidez de Milton, a entrevista se estendeu por vários dias e foi "turbinada" por batidas de tangerina, levando

Uma coisa que me magoa é que fiquei quase dois anos trabalhando sozinho aqui no Brasil, enquanto todo mundo estava fora, dizendo que não tinha condição de trabalhar aqui. Eu e o Som Imaginário aguentamos a barra, levamos muito ferro, mas saímos por aí e abrimos as portas para muitas coisas. Agora todo mundo volta, acha tudo lindo e nem sequer toca no nosso nome. Não foi mole esse tempo todo, inclusive quando começamos a formar o conjunto [Som Imaginário], o pessoal dizia que não existiam músicos no Brasil. E o negócio era só a pessoa descer do seu pedestalzinho, que achava logo.

A coincidência de datas estimula especulações. No momento em que Milton Nascimento expressa sua mágoa à revista *O Bondinho*, o disco *Clube da Esquina* acabava de ser lançado e Caetano e Gil haviam retornado ao Brasil após o período de exílio em Londres. Embora não seja possível dizer que Bituca se referia especificamente aos dois, não é de todo incoerente pensar que, talvez, a afirmação de Caetano em *Verdade tropical* possa ser lida como uma espécie de resposta à reclamação de Bituca feita muitos anos antes.

O silêncio que Caetano afirmou ser em respeito à distância que percebia em relação ao movimento mineiro, e que, em alguns aspectos, se expressava até mesmo como o "oposto" do que a Tropicália propusera, se deveu, me parece, à firmeza com que o compositor baiano sempre defendeu a proposta estética de sua revolução cultural.[22] Afinal, a Tropicália foi um movimento

---

Bituca a se soltar, num processo quase catártico. Ver Jost, Miguel e Cohn, Sergio (orgs.). *O Bondinho — Entrevistas*. Rio de Janeiro, Beco do Azougue, 2008, p. 284.

[22] O fato de Caetano falar na primeira pessoa do plural sugere que se trata de uma posição dos tropicalistas ou, pelo menos, dele e de Gil, seu parceiro mais próximo, que também estivera exilado.

stricto sensu, com disco-manifesto e tudo, cujas referências e influências estão coerentemente costuradas: da antropofagia de Oswald de Andrade, passando pela poesia verbivocovisual dos patriarcas do concretismo e seus descendentes,[23] aos parangolés de Hélio Oiticica e ao teatro orgiástico de Zé Celso, para me deter nas manifestações artísticas nacionais. Ao passo que o *Clube da Esquina* era tangido intuitivamente por seus membros, tendo Milton Nascimento e Lô Borges como figuras complementares, cujo encontro produziu uma sonoridade inédita.

Essa distinção aparece nitidamente na forma como representantes da Tropicália e do Clube da Esquina falam sobre seus projetos. Enquanto os primeiros — sobretudo Caetano, Gil, Rogério Duarte, Torquato Neto e Tom Zé — são minuciosos em suas análises, referindo-se de forma clara às influências, aos elementos de formação e às propostas estéticas; os últimos são mais genéricos e contidos, resumindo sua iniciativa como uma convergência feliz de gerações só possível naquele momento, naquele lugar e naquelas condições. A aparente timidez explanatória é parte essencial da própria "natureza" mineira do Clube da Esquina, cuja força está na intuição e no sentimento, ao passo que o movimento baiano nasce de propostas estéticas bem assentadas numa teorização propositiva, que foi sendo costurada ao longo do movimento. Tais diferenças explicam em parte o contraste entre o modo quase exibicionista dos baianos e a introspecção dos mineiros, assim como o fato de o tropi-

---

[23] A expressão "patriarcas" era a forma como o poeta Paulo Leminski se referia à trinca Augusto de Campos, Décio Pignatari e Haroldo de Campos, autores do manifesto da *Poesia concreta*. Ver LEMINSKI, Paulo. *Uma carta uma brasa através. Cartas a Régis Bonvicino (1976-1981)*. Seleção, introdução e notas de Régis Bonvicino. São Paulo: Iluminuras, 1992, p. 146, nota 12.

calismo ser uma revolução estética e comportamental que foi para além do campo musical, ao passo que muitos resistem até mesmo a ver um "movimento" no álbum dos mineiros.

Talvez aquilo que Caetano tenha afirmado ser o oposto do que ele e Gil propuseram, referindo-se ao *Clube da Esquina*, tenha a ver com o dogma central do tropicalismo: o sincretismo cultural. Pois o projeto de Caetano, Gil, Tom Zé & Cia. trazia para o plano estético a noção de sincretismo como identidade cultural brasileira (e, em certa medida, a ideia de miscigenação desenvolvida por Gilberto Freyre e atualizada por Darcy Ribeiro), estabelecendo uma das representações mais difundidas do caráter nacional. Somos feitos de misturas e mestiçagens, e os baianos levaram isso para o campo da indústria cultural, de certo modo subvertendo seu viés comercial, mas igualmente valorizando-o ao degluti-lo. Este é um movimento que bate contra o sistema, aderindo a ele para transformá-lo por dentro, colocando sua marca. E justamente por seu apetite insaciável acabou se transformando no próprio sistema, a ponto de quase tudo o que apareceu depois, inclusive o próprio *Clube da Esquina*, parecer ter em alguma medida uma relação com o tropicalismo, ainda que seja pelo contraste.

Em artigo interessante, Hermano Vianna observa essa marca, digamos, viral do tropicalismo:

> Para quem é novato nesse território, é bom um conselho: cuidado com o tropicalismo! Esse "movimento" (...) deu um nó, dificílimo de ser desatado, na cultura brasileira. Nunca vamos conseguir nos livrar de sua sedutora teia conceitual? Mesmo os inimigos acabam presas fáceis de sua voracidade cultural-antropofágica. Os tropicalistas, nos anos 1960, algumas vezes inconscientemente, fizeram uma inteligentíssima bricolagem de ideias oriundas de momentos muito particulares e importantes

— alguns conhecidos então em pequenos círculos (como a própria antropofagia cultural) — da história do modernismo brasileiro e do modernismo internacional. E fizeram isso na frente das câmeras de televisão, como novos ídolos de massa. A jogada foi tão perfeita que até hoje os movimentos artísticos que surgem no Brasil ficam sempre parecendo um apêndice na história tropicalista, ainda que se posicionem contra essa história.[24]

Trata-se, sem dúvida, de um projeto ambicioso: a valorização da cultura popular, incluído aí o comercial, o cafona, o brega etc., como expressão genuína da alma brasileira, a ponto de dar a esta um lugar preciso na aldeia global, composta por múltiplas culturas nacionais, que competem numa espécie de mercado cultural internacional. Um lugar, ressalte-se, que um país miscigenado e sincrético como o Brasil ocuparia com maior desenvoltura e "naturalidade" do que outras culturas, como as de origem anglo-saxônica, cujas trocas culturais tendem a ocorrer de forma segregada. Numa cosmologia antropófaga como a nossa, ao contrário, tudo cabe e se mistura.

A Tropicália pode ser vista como uma revolução estética na música, que implicava ter ouvidos mais generosos à produção da canção popular brasileira, inclusive suas manifestações consideradas kitsch. Mas, ao mesmo tempo, não se restringia ao campo musical. Era uma interpretação radical do Manifesto Antropófago de Oswald: "Só a Antropofagia nos une. Socialmente. Economicamente. Filosoficamente. (...) Só me interessa o que não é meu. Lei

---

[24] VIANNA, Hermano. "Políticas da Tropicália". In BASUALDO, Carlos (org.). *Tropicália: uma revolução na cultura brasileira*. São Paulo: Cosac Naify, 2007, p. 134.

do homem. Lei do antropófago."[25] Os tropicalistas viram na antropofagia o meio ideal para se relacionar com o outro: a afirmação de uma identidade brasileira, inclusive em seus aspectos bregas, que se colocava íntegra diante da alteridade, absorvendo-a. E essa lógica tornou-se, hoje, nosso principal paradigma cultural e uma forma genuína de lidar com o mundo. João Cezar de Castro Rocha é certeiro quando, como os tropicalistas, busca

> entender a antropofagia como um exercício de pensamento cada dia mais necessário nas circunstâncias do mundo globalizado, pois a antropofagia permite que se desenvolva um modelo teórico de apropriação da alteridade.[26]

O olhar generoso dos tropicalistas sobre a produção popular, que permitia identificar, como fez Gil, um elo possível entre a Banda de Pífanos de Caruaru e os Beatles, se tornou uma das marcas do movimento. Hélio Oiticica sintetiza assim a "trama" de Caetano, Gil e Tom Zé:

> Os baianos, sempre inteligentíssimos, promoveram a maior tarefa crítica da nossa música popular, inclusive cabe a eles a iniciativa da desmistificação, na música, do "bom gosto" como critério de julgamento.[27]

---

[25] ANDRADE, Oswald de. "Manifesto Antropófago". In ANDRADE, Oswald de. *Obras completas: A utopia antropofágica*. São Paulo: Editora Globo, 1990, p. 47.
[26] ROCHA, João Cezar de Castro. "Oswald em cena: O Pau-Brasil, o brasileiro e o antropófago". In ROCHA, João Cezar de Castro & RUFFINELLI, Jorge (orgs.). *Antropofagia hoje? Oswald de Andrade em cena*. São Paulo: É Realizações, 2011, p. 12.
[27] COELHO, Frederico e COHN, Sergio (orgs.). *Tropicália (Coleção Encontros)*. Rio de Janeiro: Azougue, 2008, p. 146.

É o velho sonho antropofágico de Oswald revivido pela Tropicália: tudo, ou quase tudo, deve ser deglutido, digerido e transformado na geleia geral. Do sincretismo tropicalista nasce uma cultura voltada para o futuro, num mundo globalizado que já se vislumbrava nos anos 1960. A ideia é que esse espírito repleto de admiração pelo "outro", a ponto de querer devorar seus atributos, forme uma cosmologia propícia à alteridade, devido justamente à inconstância de sua alma selvagem, para falar como o antropólogo Eduardo Viveiros de Castro.[28]

Na mistura de chiclete com banana está a voz própria do Brasil, e se a bossa nova fez isso em alto nível no campo estrito da música, o tropicalismo mergulhou na cultura de massas, dialogando com a pop art americana e tendo como referência os modernismos das primeiras décadas do século XX, especialmente o dadaísmo, com sua proposta maliciosa de explosão da obra de arte. "É proibido proibir", canta Caetano em resposta às vaias dos estudantes. Do brega romântico ao pop comercial, de Vicente Celestino a João Gilberto, tudo contribui e tem lugar na voracidade tropicalista, que se torna, como o pop de Andy Warhol, uma arte representativa da sociedade de consumo. Gilberto Gil é ainda mais radical ao olhar para isso tudo, e para si mesmo, como mero entretenimento em vez de arte, desconstruindo as ideias de "grande obra" e "alta cultura".

Não é de admirar, portanto, a estranheza que o *Clube da Esquina* causasse aos ouvidos tropicalistas. Os mineiros concentraram sua revolução na música e fizeram um disco refinado e original, ao passo que os baianos tinham uma proposta mais

---

[28] CASTRO, Eduardo Viveiros de. "O mármore e a murta: sobre a inconstância da alma selvagem". In CASTRO, Eduardo Viveiros de. *A inconstância da alma selvagem*. São Paulo: Cosac Naify, 2002, p. 181-264.

pop, visando a uma transformação comportamental que extrapolava o plano da música e abrangia a cultura de massas como um todo. Embora tenha sido um álbum conceitual e não uma mera coleção de canções, *Clube da Esquina* não foi um manifesto como *Panis et circencis* o foi para a Tropicália. Ou seja, o *Clube* revolucionou o cancioneiro nacional sem ter essa proposta explicitamente definida como meta, enquanto o tropicalismo atuou na esfera das atitudes, influenciando tudo o que veio depois, inclusive em alguma medida, o próprio *Clube da Esquina*. São, portanto, revoluções distintas e dialeticamente complementares, uma específica no terreno da música popular brasileira, a outra extrapola o campo das artes, aventurando-se nos territórios antropológico e sociológico, ao propor uma identidade cultural nacional.

Entre os músicos daquele período, a noção de competência era medida, em geral, pelo domínio do instrumento, ou seja, os virtuoses eram respeitadíssimos. Já entre os compositores e arranjadores tinha grande peso, sobretudo, a originalidade harmônica, seja por conhecimento teórico ou, o que era mais raro, por intuição ou, como se dizia, "ouvido musical". A capacidade de inverter acordes e embelezar progressões convencionais (como o clássico padrão: tônica, subdominante, dominante, tônica) era uma qualidade percebida como sofisticação (habilidade, diga-se de passagem, bastante ressaltada em Bituca por seus pares, além da voz singular). Não interessa aqui discutir se há bases formais para tal percepção. O fato é que, naquele momento, era comum no universo profissional da música (compositores, arranjadores, maestros, músicos profissionais, professores e estudantes de música) haver uma valorização da construção harmônica com inversões de relativa complexidade, entre outros recursos, na proporção inversa à desvalorização da simplicidade, tida como ingênua e pueril (e os bastidores dos palcos e estúdios estão repletos de anedotas que ilustram esta percepção).

Aos ouvidos da minha geração, a sofisticação harmônica das composições de Milton e outros membros do Clube da Esquina, como Toninho Horta, e os arranjos e orquestrações de Eumir Deodato e Wagner Tiso, aliados à força rítmica do rock psicodélico trazido pelo jovem Lô abriam caminhos originais, no âmbito estrito da música, a partir de uma miscigenação refinada. O disco apresentava as mais variadas misturas, como a influência da música sacra mineira, o Brazilian Jazz, que migrara para os Estados Unidos nos anos 1960 e retornara nas influências absorvidas por Bituca; na junção do samba com o jazz, na voz de Milton e Alaíde Costa, por exemplo; na música folk de Minas; e por aí vai. E, no entanto, apesar dessa heterogeneidade, havia uma surpreendente unidade musical. Num certo sentido, os mineiros subverteram os preceitos tropicalistas, criando um pop de alto valor estético, mas o álbum só foi possível graças à revolução feita pelos baianos alguns anos antes. Assim, dá para imaginar, se é que ela existiu, a expectativa e a frustração de Milton quanto às reações de Caetano e Gil ao disco de 1972.

O que a Tropicália propunha passava por um campo distinto dessa reverência à técnica musical. Em sua proposta, que se expressava pela paródia, o deboche e uma atitude que confrontava as convenções da época, não havia, por assim dizer, uma busca obsessiva pela sofisticação harmônica ou pela excelência técnica na execução. Embora de excelente nível e muito bem arranjadas e orquestradas, suas composições extrapolavam a estrutura da canção por introduzirem elementos cênicos e performáticos, bem adaptados a uma linguagem para o grande público. Se a bossa nova havia libertado a canção do drama operístico, a Tropicália ampliava seu escopo teatral, mediante performances vertiginosas, aproveitando muito bem os novos meios midiáticos, como a televisão, os quais ajudaram a formatar um padrão de comunicação de massa. Isso não quer dizer que não houvesse no movimento baiano uma preocupação com a sofisticação harmônica — evidenciada sobretudo nas produções de Tom Zé e nos arranjos de Rogério Duprat — e alta qualidade musical. Mas a Tropicália dava peso igual a outros aspectos estéticos, como as experimentações performáticas que, paradoxalmente, punham muitas vezes em questão a noção do "refinamento" musical.

Os tropicalistas operavam, de fato, num outro paradigma. Em sua revolução estético-comportamental invocavam o espírito desafiador das vanguardas modernistas para desconstruir mais uma vez a oposição supostamente elitista entre o "belo" e o "vulgar". Dessa vez, por meio de releituras e bricolagens pop — a inclusão de "Coração materno", sucesso de Vicente Celestino de 1937, no *Panis et circencis*, foi uma clara afirmação estética e ideológica. Ao transitarem sem culpa pelo campo do entretenimento, a proposta artística dos baianos se potencializava produzindo influências que iam para além da canção. Os tropicalistas estavam imbuídos de uma fome antropofágica, incorporando elementos distintos, inclusive do exterior, como o rock-'n'-roll. Esta assimilação, que resulta no que Hermano Vianna chama de "sincretismo", e outros, de "mistura", era valorizada como um enriquecimento em vez de uma profanação da tradição.

Já a valorização harmônica e a dissonância que norteavam os compositores do *Clube* se davam mediante outros contrastes, inclusive a noção de arte como algo oposto ao kitsch.[29] Em-

---

[29] MOLES, Abraham. *O kitsch*. São Paulo: Ed. Perspectiva, 1971.

bora não explicitassem, eles pareciam ter a pretensão de transformar o mundo em vez de entretê-lo com fórmulas "narcóticas" e "digestivas", para recorrer às imagens usadas por Merquior[30] ao descrever o fenômeno. Os mineiros filiavam-se intuitivamente a uma escola em que a arte se impõe visceralmente e, neste sentido, pode ser indigesta, agressiva e até mesmo repulsiva, pois não se preocupa em agradar à audiência. A própria forma como o disco foi gravado, sem ensaios e com os arranjos feitos no próprio estúdio, contando com o virtuosismo dos músicos que participaram do projeto, reforça essa atitude.[31]

Se o tropicalismo implodiu o sistema ao degluti-lo, essa proposta comprometida com uma ideia de arte visceral e intuitiva também brigou com moralismos de toda sorte, embora estritamente no campo musical. Se a música do *Clube da Esquina* não causou estranhezas radicais, como, por exemplo, as obras de Walter Franco, Itamar Assumpção e Arrigo Barnabé, para citar três "malditos", com certeza vibrou numa faixa não muito convencional para a MPB que se fazia naquele momento,

---

[30] MERQUIOR, José Guilherme. "Kitsch e antikitsch (arte e cultura na sociedade industrial)". In MERQUIOR, José Guilherme. *Formalismo e tradição moderna: O problema da arte na crise da cultura*. São Paulo: É Realizações, 2015, p. 44-98.

[31] O dilema entre o pop inaugurado pelos tropicalistas e a produção da canção sob parâmetros estéticos mais elaborados técnica e conceitualmente permanece atual e suscita ainda todo tipo de controvérsia entre "apocalípticos" e "integrados", para recorrer a uma imagem cara a Umberto Eco. Se Tulipa Ruiz, Los Hermanos, Rômulo Fróes, Maria Gadú e Seu Jorge podem ser vistos como exemplos de um, digamos, pop pós-tropicalista, também é possível encontrar iniciativas paralelas ao *mainstream* da MPB atual, como o trabalho de Âmago Trio, Monica Salmaso, Pedro Mores, Edu Kneip e Thiago Amud. Ver LOSSO, Eduardo Guerreiro B. e MORAES, Pedro Sá (orgs.). *Música Chama*. Rio de Janeiro: Editora Circuito, 2016.

ao instaurar seu próprio sincretismo. O disco seguiu a meio caminho entre ícones como Chico Buarque e Edu Lobo, situados na vertente "séria" da música popular brasileira, e o desbunde associado aos tropicalistas. Com o disco de 1972, os mineiros escreveram seu próprio evangelho na bíblia da MPB.

Márcio Borges percebeu a diferença entre os movimentos mineiro e baiano. Observou, com razão, que a revolução tropicalista, por atuar também no plano do comportamento, revolvia um terreno cultural mais amplo e potencialmente mais subversivo do que a proposta trazida pelo *Clube da Esquina*. Essa proposta se restringia a uma revolução na estrutura da canção, em especial, pela novidade harmônica que introduzia:

> O fato é que, para uma mentalidade demasiado conservadora como a mineira, era mais fácil aceitar uma revolução na harmonia musical, afinal uma coisa que atingia apenas os estritamente interessados, do que aceitar uma revolução no comportamento geral, mil vezes mais perigosa e de consequências mais imprevisíveis. Segundo essa mesma mentalidade, tudo o que pudesse ser qualificado de "desbunde" era digno de *reproches*.[32]

"Alegria, alegria", por exemplo, despida da exuberância colorida e psicodélica como Caetano a apresentou em sua performance no Festival da Canção de 1967, resume-se a uma marchinha simplória de poucos acordes. Há quem diga, inclusive, que ela seria uma leitura tropicalista em homenagem à marcha "A banda", de Chico Buarque. Mas a controversa introdução com guitarras elétricas reforçou a metáfora dos versos "caminhando contra o vento, sem lenço e sem documento". O

---

[32] BORGES, Márcio. Op. cit., p. 195.

compositor baiano foi acompanhado pelo grupo de rock Beat Boys, formado por argentinos, e apresentou-se usando uma camisa de gola rulê sob um blazer aberto e sem gravata, contrariando o traje a rigor da TV na época, que determinava que os cantores se apresentassem de smoking.[33] No mesmo festival, Gil interpretou "Domingo no parque", acompanhado pelas guitarras dos Mutantes, chocando os tradicionalistas. As duas canções, de estruturas harmônicas simples, com uma poesia feita de imagens cinematográficas do dia a dia, não exigiam da audiência o domínio musical formal para desfrutar a mensagem. Era o Brasil tropicalista e pop que surgia ali, numa comunicação direta com o público.

O *Clube da Esquina*, por sua vez, nasce num ambiente já semeado pela ideologia voraz do tropicalismo, e se beneficia de seu estímulo às possibilidades infinitas de miscigenação e influências. E só isso já o faz, de certo modo, como sugeriu Hermano Vianna, tributário do movimento baiano. Mas, como vimos, os tropicalistas, em seu sincretismo, também visavam a uma audiência popular, que deveria ser valorizada na proporção inversa à ideia "elitista" de bom gosto, que extrapolava o campo da canção. Já os mineiros buscavam em suas influências e misturas um alto grau daquilo que percebiam como sofisticação especificamente na estrutura da composição. A originalidade

---

[33] Mais tarde, em shows, Caetano se apresentaria com roupas de plástico, num visual futurista. Também posaria com as capas coloridas que compunham os *parangolés* de Hélio Oiticica e se tornariam icônicas da abrangência do tropicalismo no campo das artes.

do *Clube* está sobretudo na potência inesperada de suas canções, derivada da alquimia de *blends* musicais requintados. A experiência musical de Bituca e seus amigos seguia, assim, um caminho distinto ao da paródia debochada e da ironia dos baianos. Talvez aí resida a noção de "oposto" a que Caetano se referiu em *Verdade tropical*.

No entanto, o que poderia parecer um elitismo presunçoso, um vício que teimosamente sobrevivera à revolução da Tropicália, acaba por indicar caminhos que vão além do pop que hoje chega aos variados meios de comunicação, soando, em geral, numa onda relativamente padronizada e sem muitas ousadias. Afinal, o brega cujo estigma o tropicalismo exorcizou nos anos 1960, como uma ressignificação do kitsch, se tornou hoje o próprio *mainstream* da indústria musical brasileira. Boa parte das invenções contemporâneas parece ocorrer fora da estrutura da canção, como, por exemplo, a inserção de vinhetas e efeitos sonoros eletrônicos e digitais (samplers, loops, ecos, reverberações, distorções etc.). Essas inserções geram sonoridades padronizadas que se prestam a emitir sinais de identificação de gênero reconhecidos e incorporados por suas audiências, o que reforça, por sua vez, seu caráter de entretenimento.

Disso decorre uma sensação generalizada de empobrecimento, admitida inclusive por tropicalistas insuspeitos e inquietos como Tom Zé,[34] e que se alimenta ainda da restrição de espaço para experimentos originais, como se viu em abundân-

---

[34] No documentário de Henrique Dantas sobre os Novos Baianos, chamado *Os filhos de João, o admirável mundo novo baiano* (2009), Tom Zé afirma que a MPB "que toca na rádio" vive um esgotamento "natural", após a explosão criativa das décadas anteriores, e teria empobrecido, embora os artistas continuem produzindo coisas geniais e originais.

cia entre os anos 1960 e 1980. Antes que surjam acusações apressadas de "conservadorismo estético" e fetichismo saudosista, é preciso enfatizar que não se está afirmando apocalipticamente aqui o fim da inspiração, do talento e da busca dos artistas atuais por originalidade. Estes continuam surgindo em nichos situados na periferia do mercado, como se pode ver, por exemplo, na produção de Guinga, Ava Rocha e os compositores do Coletivo Chama, para citar gerações distintas.[35] Trata-se apenas da constatação dos efeitos de uma mudança estrutural e tecnológica, que transformou a relação das gravadoras com o artista, a crítica especializada e o consumidor.

Em conversa recente com Charles Gavin, no programa *O som do vinil*, Lô Borges faz um diagnóstico, afirmando que para o mercado fonográfico havia duas classes de artistas que equilibravam ecologicamente o negócio: os que vendiam e os que traziam prestígio à gravadora mediante produções criativas, sofisticadas e experimentais. Esse quadro, segundo ele, mudou completamente a partir dos anos 1980.

> Costumo dizer que a indústria fonográfica ficou cada vez menos fonográfica e mais indústria. Virou uma história de vamos vender, vamos vender, vamos vender. O que vende é bom; o que não vende é ruim.[36]

---

[35] A preocupação estética que vem afrontando o *popismo* dominante evoca o movimento dos poetas da Geração de 45, que, diante da total dissolução das formas poéticas instituída pelo Modernismo de 22, propuseram um retorno ao rigor da composição lírica (antes de fazer verso livre era preciso dominar a linguagem poética, diziam), sendo tachados de "conservadores" por seus críticos.
[36] GAVIN, Charles. Op. cit., p. 35.

Mas a tecnologia também influenciou a transformação do setor. A revolução digital, que deu à gravação caseira qualidade profissional, facilitou e multiplicou a produção musical e também criou canais de distribuição, como as redes sociais. O disco foi substituído pelo CD e este pelos arquivos baixados e armazenados na "nuvem". E todo esse processo não deixa de ser, para o bem e para o mal, o "futuro" preconizado nos anos 1960 pelos tropicalistas, quando se referiam ao "cérebro eletrônico".

O que há atualmente de originalidade na produção musical aparece de forma pulverizada em performances gravadas para serem transmitidas por redes sociais na internet ou em apresentações de *pocket shows* em bares e espaços alternativos. As gravações independentes são financiadas por meio de *crowdfundings*, mas com acesso limitado nos grandes meios de comunicação, em geral avessos a repercutir aventuras ousadas e incertas. Surgem nichos e movimentos inesperados, como "música da periferia", e bandas *indies* de garagem, entre outros, mas o faturamento desses artistas, na maior parte das vezes, é insuficiente para garantir sua sobrevivência.

Os grandes astros se apresentam em novas casas de shows e salas especiais, com tratamento acústico de primeira e preços estratosféricos. Os festivais, concursos, prêmios, programas de auditório e *reality shows*, que supostamente abririam espaços para novos talentos, são estritamente tangidos por interesses comerciais e conduzidos por profissionais do setor (empresários, agentes, críticos, jornalistas, assessores de imprensa e produtores). Os artistas são etiquetados e distribuídos segundo os nichos musicais aos quais pertencem. Em geral são eventos mais desenhados para a divulgação das apostas das gravadoras do que um espaço aberto ao artista que deseja apresentar seu trabalho original, como ocorreu nos grandes festivais dos anos 1960. Isso acaba por minimizar as chances de surgimento de algo novo, ao padronizar a criação musical segundo critérios predominantemente comerciais.

No prefácio do livro de Márcio Borges *Os sonhos não envelhecem*, publicado posteriormente no *Verdade tropical*, Caetano recalibra sua percepção com respeito ao *Clube da Esquina*: em vez de o "oposto", afirma que os mineiros aprofundaram o tropicalismo, inclusive fazendo uso de seu "dom cultural" de desconfiança, descartando o que se mostrara irrelevante ou supérfluo no movimento baiano. Recorrer aos estereótipos culturais de "baianidade" e "mineirice" foi um recurso inteligente do compositor baiano para aproximar o *Clube da Esquina* daquilo que uma década antes ele, Gilberto Gil, Tom Zé, Torquato Neto, José Carlos Capinam, Rogério Duprat, Rogério Duarte e Os Mutantes fizeram:

> Nos anos setenta, um grupo de mineiros se firmou no cenário da música popular brasileira com profundas consequências para sua história, tanto no âmbito doméstico quanto internacional. Eles traziam o que só Minas pode trazer: os frutos de um paciente amadurecimento de impulsos culturais do povo brasileiro, o esboço (ainda que muito bem-acabado) de uma síntese possível. Minas pode desconfiar das experiências arriscadas e, sobretudo, dos anúncios arrogantes de duvidosas descobertas. Mas está se preparando para aprofundar as questões que foram sugeridas pelas descobertas anteriores cuja validade foi

confirmada pelo tempo. Em Minas o caldo engrossa, o tempero entranha, o sentimento se verticaliza.[37]

Caetano parece, assim, fazer um ajuste mais generoso de sua posição expressa em *Verdade tropical* para incluir o *Clube da Esquina* na revolução tropicalista, como um aprofundamento das propostas deste que sobreviveram ao teste do tempo e que só o movimento mineiro, por sua natureza desconfiada e paciente, poderia fazer. Nessa operação, o *Clube* sai do lugar de um movimento "oposto ao nosso, em certos aspectos" para o de "aprofundamento" e "confirmação" da revolução da música brasileira em geral.

Essa aparente revisão do lugar do *Clube da Esquina* na evolução da MPB dos anos 1970 me parece mais justa. Para mim, que chegava à vida adulta na era pós-Tropicália e, portanto, já trazia cognitivamente embutida na alma aquela revolução capitaneada por Caetano, Gil e Tom Zé, o movimento mineiro consolidado no álbum duplo representou um passo adiante. O avanço foi menos em termos de uma mera sequência evolutiva e mais como uma revolução estética, possível graças ao que viera antes, mas que seguia um rumo próprio, e que fazia todo o sentido para a minha geração naquele momento. Ou seja, ouvíamos o álbum dos mineiros como algo totalmente novo, cujas referências e evocações estavam diluídas, para voltar à metáfora de Caetano, num caldo grosso original.

E fechamos o parêntesis.

---

[37] BORGES, Márcio. Op. cit., p. 11.

3. Mil tons entre o jazz e a bossa nova

Como vimos, a sonoridade do *Clube da Esquina* tem sua base numa "miscigenação" seletiva, a qual Milton Nascimento já insinuara em seus discos anteriores, unindo elementos da bossa nova com a vertente do jazz fusion expressa principalmente por Miles Davis, Weather Report, Wayne Shorter e Herbie Hancock. A música de Bituca, nesse momento pré-*Clube*, costura sua singularidade por meio de uma sonoridade ao mesmo tempo estranha e familiar, feita da união de acordes dissonantes e uma linha melódica aparentemente simples em sua evolução. Acrescentem-se a parte rítmica, que traz uma marcação mais seca, sem a malemolência do samba urbano que deu sustentação à bossa nova; e a voz única de Milton Nascimento, com o timbre tenor nasalado e surpreendentes agudos em falsetes.

Seus discos anteriores ao *Clube da Esquina* estão repletos de exemplos dessa qualidade sonora, em canções como seu maior sucesso até então, "Travessia", mas também em temas como "Pai grande", "Gira, girou", "Amigo, amiga", "Tarde", "Morro velho", "Beco do Mota" e "Canção do sal", para ficar em poucos exemplos. Pode-se perceber nitidamente a influência da bossa nova em suas composições, embora a música de Milton Nascimento já fosse um passo adiante, distinta de tudo o que se produzia no litoral brasileiro.

O movimento criado por João Gilberto, Tom Jobim, Carlinhos Lyra, Ronaldo Bôscoli, Roberto Menescal e Baden Powell, para citar alguns de seus principais artífices, trouxe para a música popular brasileira uma dissonância com forte sotaque do cool jazz e, em certo aspecto, até mesmo do *bebop*, como defende o musicólogo e pesquisador Brasil Rocha Brito,[38] à qual acrescentou a influência rítmica do samba, presente na batida de violão de João Gilberto. A mistura enfrentou resistência e críticas dos tradicionalistas, embora seus sinais já aparecessem no trabalho de alguns precursores, como Dorival Caymmi e Johnny Alf.

Liderado por Vinicius de Moraes, o novo estilo também revolucionou as letras do cancioneiro nacional, que, com poucas exceções, tratavam de temas fixos e universais, como o amor infeliz e suas variações. A bossa nova inventou uma poesia descontraída e leve, adequada ao cantar suave de seus intérpretes, tendo como referência a voz afinadíssima de João Gilberto. E, assim, Vinicius inaugurava o diminutivo na MPB, rimando "peixinhos" com "beijinhos" na letra de "Chega de saudade", sua parceria com Tom, que, na voz de Elizeth Cardoso e no violão de João Gilberto marcou o primeiro registro fonográfico do novo estilo, em 1958. Mesmo o infortúnio amoroso é narrado numa clave mais amena e bem-humorada, o que se pode constatar em letras como a de "Desafinado", parceria de Tom Jobim e Newton Mendonça. Esse lirismo era coerente com o momento que o Brasil vivia: os chamados "anos dourados" ou "anos JK", marcados por grande otimismo, alimentado pelo fim da Segunda Guerra Mundial

---

[38] CAMPOS, Augusto de. *Balanço da Bossa e outras bossas*. São Paulo: Ed. Perspectiva, 1974, p. 18.

e uma acelerada urbanização do país, impulsionada por um robusto desenvolvimento econômico.

A interpretação *cool* das canções da bossa nova era possível graças ao uso cuidadoso do microfone dinâmico, capaz de emitir a voz suave sem exigir do canto projeções operísticas e contorções dramáticas. Era o casamento da técnica vocal com a tecnologia disponível, refletindo igualmente o espírito de época, de uma vida urbana, relativamente próspera e moderna. Despida da interpretação grandiloquente, a bossa nova permitiu que o Brasil se descolasse do restante da América Latina, fortemente impregnada pelo canto lacrimoso do bolero, de influência do *bel canto*.

Nas palavras de Rocha Brito, a bossa nova inventou um modo de "cantar sem procura de efeitos contrastantes, sem arroubos melodramáticos, sem demonstrações de afetado virtuosismo em favor de uma real integração do canto na obra musical".[39] Dito de outro modo, a bossa nova tirou o canto do pedestal e tornou a voz mais um instrumento, integrado ao conjunto em vez de estar situado acima dele. Na bossa nova, "o canto flui como fala normal".[40] E o exemplo máximo disso é a voz de João Gilberto, em sua projeção contida, que a coloca no mesmo nível dos demais instrumentos. O casamento é perfeito nas canções de voz e violão.

O timbre de Milton Nascimento, por sua rara extensão e densidade, acabou por restituir a força do canto, do entoar majestoso, colocando-o num nível acima do da bossa nova, mas sem os excessos dos canários de voz empostada e interpretação histriônica tão comuns na fase pré-"Chega de saudade".

---

[39] Idem, p. 35.
[40] Ibidem.

Bituca intuitivamente mescla com alegria coisas que andavam separadas. Aprofunda a harmonia dissonante para incluir influências do jazz fusion, algo inexistente na primeira onda da bossa nova; acrescenta ritmos e linhas melódicas do interior; e retoma a voz como elemento de destaque, embora sem exageros, aproveitando a porta aberta por João Gilberto. A interpretação de "Travessia" ilustra bem essa técnica. O canto evolui de um entoar suave e contido para o ápice, no refrão, que vem reforçado pelo verso "Solto a voz nas estradas (...)".

Como no caso da Tropicália, a música de Milton Nascimento também representou um desenvolvimento possível a partir da bossa nova, à qual se ligava numa linhagem refinada. Pelo menos soava assim aos ouvidos da minha geração, especialmente após o *Clube da Esquina*, que revelou o amadurecimento de Bituca como artista integral, consciente do seu potencial e disposto a experimentar possibilidades. Sua música era um passo além, estruturado em dois níveis: na composição, ao harmonizar com sofisticação melodias de aparente singeleza, porém impregnadas de força comovedora, como, por exemplo, em "Pai grande", "Morro velho" e "Canção do sal", e a exigir muito do cantor; e na interpretação de Milton, sustentada pelo timbre raro e a ampla extensão vocal.

No disco de 1972, Bituca inova mais uma vez, ao inaugurar generosamente um trabalho em parceria com Lô Borges, que acrescentou a influência do rock, porém menos o rock iê-iê-iê da Jovem Guarda e mais o rock denso da fase psicodélica dos Beatles. O resultado desse encontro, cujos indícios e prenúncios apareciam no disco anterior, *Milton*, de 1970, em canções como "Para Lennon e McCartney" e "Clube da Esquina", pode ser percebido nas linhas melódicas que evocavam as toadas do cancioneiro do interior do Brasil misturadas ao pop-rock e associadas ainda ao acompanhamento dissonante da bossa nova e ao jazz fusion. Já a parte rítmica mantinha a intuição primitiva de Bituca, que tanto chamara a atenção do maestro Eumir Deodato, a ponto de ele convidar o compositor mineiro para gravar nos Estados Unidos e apresentá-lo a músicos como Wayne Shorter e Herbie Hancock.

4. A ditadura e o desbunde deram o contexto

Se a bossa nova nasceu num período de paz e prosperidade, em pleno regime democrático, o álbum duplo dos mineiros foi lançado num momento completamente distinto, quando a ditadura militar recrudescia a opressão política, anulando os últimos vestígios de cidadania. A promulgação, em 1968, do AI-5, suspendendo os direitos individuais e institucionais mais básicos, associada a uma economia que crescia vertiginosamente, mas sem reduzir a enorme desigualdade social, reforçava o caráter draconiano do regime e o conservadorismo da elite que o sustentava. Nessa atmosfera, versos que rimavam "beijinhos" com "peixinhos" soavam fora de lugar e nostálgicos de um Brasil melhor, que ficara para trás. Em contrapartida, os movimentos culturais alternativos ao sistema que emergiam naqueles anos, interna e externamente, ofereciam à juventude um novo modo de olhar, liberto de certas amarras convencionais, velhos moralismos e dicotomias simplificadoras, oxigenando os ares. Se os tempos eram duros, inversamente proporcional era a criatividade subversiva de nossa contracultura, que fornecia com alguma consistência as bases a uma identidade cultural e intelectual, extrapolando o campo da estética e da filosofia para respingar na vida real.

A aflição compartilhada em meio à dura realidade gerava sentimentos ambíguos, oscilando entre estados de paranoia e euforia. Boa parte dos jovens da classe média urbana que não se radicalizara andava ora alerta, ora alienada; vivia-se entre sustos e sonhos. Estes, se autoalimentavam mediante atitudes e discursos utopicamente libertários em suas propostas. Tal ambiguidade estimulava uma aguçada capacidade criativa e toda sorte de rebeldia. Nas interações pessoais, qualquer sinal de "caretice" era muito malvisto e pouco tolerado. Ao mesmo tempo, havia uma percepção de que era necessário unir forças e resistir, inclusive por meio de uma certa resignação existencialista. Assim, proliferavam projetos coletivos de inspiração anarquista, englobando desde as formas de habitar, via comunidades, aparelhos e repúblicas, até o trabalho em mutirão, inclusive produções artísticas e editoriais independentes e marginais. É exemplar o caso dos Novos Baianos, que criaram uma comunidade num sítio em Vargem Grande, no Rio de Janeiro, com uma estrutura de trabalho horizontalizada.[41]

O desbunde foi em muitos sentidos uma reação psicológica à ordem vigente, na forma de uma revolta contra os valores da burguesia, sintetizados na palavra caretice, aos quais a ditadura recorria como suporte moral ao regime. Princípios de um catolicismo conservador, resumidos no slogan "tradição, família e propriedade", e um nacionalismo ufanista e triunfante. Mas a postura contracultural que o desbunde representava também se insurgia contra certos dogmatismos da esquerda e, nesse

---

[41] Para mais detalhes, ver GALVÃO, Luiz. *Anos 70: Novos e baianos*. São Paulo: Editora 34, 1997, e *Novos Baianos: A história do grupo que mudou a MPB*. São Paulo: Lazuli Editora, 2014. Ver ainda o documentário *Os filhos de João, o admirável mundo novo baiano* (2009), de Henrique Dantas.

sentido, tinha um caráter libertário e ideologicamente mais flexível, suscitando na "militância séria" acusações de alienação e infantilidade. Talvez o desbunde fosse o equivalente, naquele início dos anos 1970, à atitude *blasé* de que nos fala o sociólogo Georg Simmel, como uma defesa psicológica e inconsciente diante de um ambiente hostil e massacrante sobre o indivíduo.

Parte da juventude reagia como podia à degradação cotidiana imposta pelo sistema, que exalava um forte sentimento de terror. Mas, estimulada pela ideia de liberação sexual (que ganhara um enorme impulso com o lançamento da pílula anticoncepcional nos anos 1950) e pelo consumo de drogas, a geração que começava a vida adulta nos anos 1970 respondia ao slogan burguês com seu próprio lema: "sexo, drogas e rock-'n'-roll". Predominantemente composto por jovens de segmentos médios da sociedade em termos de renda, esse grupo era tachado, de um lado, de "doidões" e "depravados" e, de outro, de "cocotas", "alienados", "porras-loucas" e "filhos de papai", dependendo do espectro ideológico de quem os julgasse.

Entre a imagem oficial e patriótica do "Brasil grande", que a ditadura se esforçava em vender — sintetizada em slogans como: "Brasil: ame-o ou deixe-o" —, e a resistência política convencional da esquerda militante, inclusive a luta armada, surgiu um mundo paralelo e marginal, à margem das interpretações principais da vida social. O poeta Cacaso sintetiza tal movimento:

> O desmoronamento de tantas expectativas alimentadas mais o endurecimento atual da vida favoreceram um clima ideológico que combina frustração e medo; descrença em relação aos projetos de antes e às chances futuras. Daqui e dali vão surgindo os primeiros "rípis", o pessoal começa a emagrecer; a

vaga irracionalista toma corpo; o consumo de drogas faz carreira fulgurante e se instala; proliferam grupos e seitas orientalistas; um vocabulário novo e cifrado é posto em circulação; tudo em consonância com o clima evasivo e de introspecção que reina.[42]

Ao tratar daquele período, o poeta Tavinho Paes se recorda de que, naquele momento, "as paixões entravam em combustão espontânea, incendiavam a libido das pessoas, e a Aids ainda não era uma ameaça".[43] Luiz Galvão, um dos compositores dos Novos Baianos, destaca três movimentos: a militância política e resistência ao regime; a criação artística, inclusive por caminhos transcendentais e místicos; e a juventude transviada, o desbunde, com sua revolução moral do comportamento.

Foi um período em que a revolução sexual tomou as ruas: a repressão vivida por gerações anteriores sumia da área. Valia tudo, porque o caminho estava livre como que para compensar o tempo perdido pelo brasileiro. Havia namoro e muito: mas na maioria das vezes, o tempo de duração era relâmpago. Acontecia muita aventura, como casais que entravam numa festa e, na saída, estavam separados, porque um se apaixonara por outra pessoa. Rolava triângulo: alguns casais, que se mantiveram firmes por muito tempo, nasceram dentro dessa maluquice — sexo misturado com existencialismo. O pessoal não lia, mas citava Sartre corretamente.[44]

---

[42] BRITO, Antonio Carlos Ferreira de. *Não quero prosa/Cacaso*. Organização e seleção: Vilma Arêas. Campinas: Ed. da Unicamp; Rio de Janeiro: Ed. UFRJ, 1997, p. 22.
[43] Blog do autor.
[44] GALVÃO, Luiz. Op. cit., 2014, p. 197.

A juventude pobre, absolutamente marginalizada, também reagia à sua maneira, tentando sobreviver ao devastador processo de expurgo social, concretizado não só pela falta de oportunidades de trabalho e moradia, mas inclusive fisicamente, via programas de remoções de favelas, que, nas grandes metrópoles brasileiras, resultaram em verdadeiros êxodos urbanos, deslocando os segmentos sociais mais precários para os subúrbios e periferias da cidade, criando áreas estigmatizadas e sem infraestrutura. Nesses guetos surgiram movimentos de resistência cultural, como a black music e o funk, de um lado, e a revalorização do samba e do forró, de outro. Também foi um momento em que a criminalidade ganhou uma proporção inédita nas metrópoles, sobretudo mediante o narcotráfico, gerando toda uma cultura paralela e marginalizada, com valores e idiomas próprios.

Embora fossem expressas por meio de uma retórica muitas vezes confusa e contraditória devido à multiplicidade de vozes, as reações culturais populares e da chamada classe média, mesmo que fragmentadas, se espalhavam velozmente pelos meios de comunicação de massa. Especialmente a televisão, inaugurada na década de 1950 e que se firmava como um poderoso meio formador de opinião. Mais do que isso, a TV propiciava uma forma diferente de pensar e sentir o cotidiano. Constituía-se um novo padrão cognitivo que contrastava com o imaginário mais literário das gerações anteriores. A percepção da realidade através de uma lente audiovisual tinha, enfim, a primeira geração "nascida e criada" em sua era.

Isso representou uma ruptura geracional abrupta em relação à que viera antes. A distância cultural que se formara era conspícua nos hábitos, na linguagem, nas formas de se vestir e sobretudo pela maneira de agir, pensar e sentir da juventude.

Vivia-se uma experiência inédita, um mundo, como se dizia na época, "redondo", que rompia com a rigidez "quadrada" da moral de antes. Enquanto alguns se envolviam mais diretamente na luta contra a ditadura, em grupos clandestinos ou na resistência civil, outros procuravam simplesmente sobreviver da melhor maneira possível, o que requeria um repertório de atitudes amplo e criativo, e até mesmo uma certa alienação. Muitos jovens eram contra a ditadura, vista como a concretização institucional dos valores que desejavam superar. Mas isso não os impedia de jogar pelada e sentir orgulho do futebol tricampeão, brincar o carnaval e pegar onda, apropriando esses modos de existir à sua moral.

Ou seja, mesmo naqueles dias de chumbo, as coisas eram mais complexas do que dicotomias como esquerda e direita podem sintetizar. Nos anos 1960, os jovens estudantes corriam da polícia nas passeatas, cantando canções de protesto, para depois se reagruparem em barzinhos e cineclubes, onde se debatiam desde a revolução que traria redenção ao Brasil até a estética do Cinema Novo, e tudo parecia estar conectado. No início dos anos 1970, com o recrudescimento da repressão política e o massacre da esquerda, a juventude mudara: usava cabelos longos, calças Lee de boca larga e estava mais antenada com o resto do mundo. A galeria de heróis, liderada por Che Guevara e Fidel Castro, passava a ser integrada também por figuras como Jimi Hendrix e Janis Joplin, heróis mortos por *overdose* antes de completar trinta anos, a idade que encerrava a juventude, conforme nos lembrava Marcos Valle naqueles dias. O rock-'n'-roll, o pop psicodélico e o funk, tanto em sua vertente mais dançante, com James Brown, como na instrumental-jazzística, com, por exemplo, os Crusaders, e que deu origem ao movimento black nas periferias das metrópoles brasileiras, se estabeleciam como repertórios musicais e de identidade dos jovens.

Em comum entre as duas gerações, a crítica à falta de liberdade. Mas a fração de jovens que chegava à vida adulta naquela década formava um grupo que se diferençava em muitos aspectos dos estudantes engajados da década anterior, que vaiaram os tropicalistas Caetano e Gil nos festivais, por se apresentarem acompanhados por guitarras elétricas. Era uma juventude equipada com uma percepção do mundo mais audiovisual do que literária, impregnada de uma linguagem pop, sintética, que nem mesmo os modernistas ousaram prever. Assim, distanciava-se dos intelectuais de esquerda do *Pasquim* e congêneres, cuja revolução sexual, marcada pelas atitudes ousadamente libertárias de Leila Diniz, por exemplo, esbarrava no machismo resistente e convencional de alguns de seus representantes mais ilustres.

O poeta Chacal, um dos expoentes da geração mimeógrafo e da poesia marginal carioca, que manteve um vínculo com os mineiros do *Clube da Esquina*, destaca a diferença entre a turma do *Pasquim* — composta por intelectuais de esquerda, que viam o desbunde com desconfiança — e sua geração, que cresceu já no período do regime militar e diante da televisão.

> O píer foi o berço da contracultura no Rio. O que chegava de fora era imediatamente discutido: cinema, música, moda, poesia. Sexo, drogas e rock-'n'-roll. Ali tudo podia. O que representasse um mínimo sinal de pensamento e atitude conservadora era taxado (*sic*) de careta, olhado de viés.
>
> A briga mais imediata era com a turma do *Pasquim*, uma geração mais velha, que seguia à risca o lema de Jaguar: "Intelectual não vai à praia. Intelectual bebe." O corpo era tratado como

um subalterno. O *Pasquim* mudou a cara sisuda dos jornalões da época, peitou e desrespeitou o regime militar. Abriu espaço para Leila Diniz e o Underground de Luiz Carlos Maciel, para o palavrão e as experiências com a linguagem jornalística. Eles mudaram muita coisa, mas ainda tinham uma visão bem conservadora sobre certos assuntos, como sexo, drogas e novas formas de percepção e comportamento.[45]

O jornalista e poeta Torquato Neto, em sua coluna "Geleia Geral", publicada no jornal *Última Hora*, também registra, na brevidade de uma nota ferina, diferenças geracionais com a turma do *Pasquim*:

> O escritor Jorge Mautner mereceu página de Millôr Fernandes e outros cupinchas no *Pasquim* dos velhinhos. Ainda bem que Jorge está muito além da imaginação dessa cafajestice toda. Vocês viram? Esqueçam.[46]

Como se vê, não foram pacíficas as relações entre uma certa esquerda cultural e a geração do desbunde. O que os unia era a resistência ao regime militar, fora isso, sobravam poucos pontos de contato. Se o humor do *Pasquim* era intelectualizado e literário, a turma do desbunde que aparecia, por exemplo, na poesia marginal, recuperava o deboche e a paródia dos tropicalistas, mas implicando com as formulações verbivocovisuais da poesia concreta, consideradas excessivamente dogmáticas e de difícil digestão, mais próxima das artes plásticas do que a

---

[45] CHACAL. *Uma história à margem*. Rio de Janeiro: 7Letras, 2010, p. 35.
[46] PIRES, Paulo Roberto (org.). *Torquatália: Obra reunida de Torquato Neto*. Rio de Janeiro: Rocco, 2004, p. 369.

literatura propriamente dita. Eram ainda poetas líricos em seus versos curtos, que apresentavam, em livros toscamente mimeografados, em performances igualmente marginais.

Segundo a crítica literária Heloisa Buarque de Hollanda, após o golpe, a ação política foi controlada e coibida pelos militares, o que acabou deslocando boa parte da reação e da crítica ao governo golpista para o campo das artes e da cultura. Na primeira fase do regime, as restrições impostas não impediram totalmente a expressão de uma resistência, gerando heróis e criando um público ávido de mensagem subversiva. Este voltou-se violentamente contra qualquer sinal percebido como desvio ideológico, tendo como um dos alvos a juventude alienada, desbundada e covarde, que se omitia da luta contra o sistema e da denúncia do regime. Desiludidos e "doidões", esses jovens vagavam pelas metrópoles do país como corpos sem alma, impregnados por valores de uma cultura estrangeira e imperialista. As vaias contra os tropicalistas nos festivais e a marcha contra a guitarra, naquele fim dos anos 1960, são exemplos extremos dessa reação.

Mas uma das principais forças do capitalismo reside justamente em transformar qualquer coisa em mercadoria, inclusive as expressões que se pretendem críticas a ele. E foi o que ocorreu. O público crítico, de esquerda, também acabou sendo apropriado pelo sistema, que o via como um potencial "mercado" para o qual podia vender seus produtos subversivos. E ao mesmo tempo que abria um filão lucrativo, esvaziava sua força contestatória e crítica.

Nas palavras de Hollanda:

> Aos poucos, um considerável público começa a se configurar, um público onde a política é consumida comercialmente. A ca-

pacidade de o sistema recuperar essa contestação é surpreendente. As obras engajadas vão-se transformando num rentável negócio para as empresas da cultura: a contestação, integrada às relações de produção cultural estabelecidas, transforma-se novamente em reabastecimento do sistema onde não consegue introduzir tensões.[47]

Ou seja, percebendo que havia um público, o sistema passou a comercializar as expressões genuínas de resistência e oposição, retirando delas sua energia vital, ao categorizá-las como mercadoria cultural. E, assim, despido de seu vigor, o discurso engajado dos artistas perdeu a força revolucionária que o produziu. Passou a ser vendido como produto artístico categorizado como contestatório, comprometido, engajado, entre outros adjetivos. Transformada em *commodity*, a canção de protesto, que levou Geraldo Vandré e outros à prisão e ao exílio, tornou-se um arremedo do que fora. Na melhor das hipóteses, uma evocação dos tempos gloriosos de luta.

Enquanto isso, o dia a dia continuava sufocante. A possibilidade de as autoridades militares prenderem um cidadão sem mandado e sem ter que informar seu paradeiro sob custódia e as razões de sua detenção semeava um tipo de terror difícil de explicar para quem não o viveu. Formara-se um Estado policial que, sem o devido processo legal, prendia, torturava e desaparecia com as pessoas. Qualquer garantia civil simplesmente inexistia, alimentando a desconfiança generalizada e elevando o medo a um estado permanente de paranoia coletiva.

Apesar disso, a produção artística continuava a reagir a um cotidiano que, para falarmos como Michel Foucault, vigiava

---

[47] HOLLANDA, 2004b, p. 103.

e punia. Sem espaço no mercado cultural e ao mesmo tempo desconfiado dele, a nova geração de artistas começou a produzir fora do sistema. Era o teatro mambembe, a poesia marginal, a música dos guetos, o cinema *underground*, entre outras formas alternativas de expressão.

Naquele momento, ficava cada vez mais claro que o proletariado e as massas, como se dizia à época, não iriam se sublevar contra a ditadura como previam as análises de conjuntura dos grupos de esquerda. E até mesmo o discurso revolucionário — cuja hegemonia era disputada pelos partidos comunistas stalinistas e grupos dissidentes — era ouvido com desconfiança. A resposta anárquica às ortodoxias foi, para alguns, mera alienação; para o escritor Octavio Paz, porém, ela representou uma "estética da indiferença", como reação à inviabilidade das propostas "revolucionárias". Como diz Hollanda, "se as vanguardas protestaram com um grito ou um silêncio, hoje [naquele momento] a rebelião jovem protesta com um levantar de ombros".[48] Na indústria cultural, a arte da metáfora política, com sua mensagem subversiva, camuflada por um código a ser decifrado pelo público iniciado, e preservada do olhar incompetente da censura, passa a dividir o espaço com uma produção pop mais abrangente.

Depois dos conturbados anos 1960, o público em geral demonstrava estar mais aberto a experimentações (ou, pelo menos, já não se chocava tanto com as novidades que apareciam), e o espírito beligerante, que as competições nos festivais de canções ajudaram a acirrar, parecia relativamente apaziguado. O showbiz havia feito experiências, estimulado cisões, segmentado tendências e lançado modas, algumas fulminantes, porém efêmeras,

---

[48] Idem, p. 119.

como a *Pilantragem*, de Carlos Imperial e Wilson Simonal; outras mais duradouras, como o sambalanço e a soul music brasileira, com Tim Maia, Dom Salvador e a Banda Black Rio. Essas manifestações integravam de algum modo o país ao pop mundial.[49] Emergia, portanto, uma cultura na qual a identificação geracional era mais forte do que os elementos de nacionalidade, isto é, a juventude se identificava mundialmente, confrontada por dilemas semelhantes da contemporaneidade, em especial a falta de liberdade, e isso era apropriado pelo mercado cultural.

Foi neste contexto que o *Clube da Esquina* surgiu. O LP chegou ao mundo, convém repetir, num ambiente já semeado por revoluções anteriores e seguiu seu caminho vigiado de perto pelos censores da ditadura. Sua linguagem chamou a atenção pela inovação e qualidade, indicando haver ali algo especial, que falava a seu tempo. Uma expressão sem pretensão de se tornar um movimento, mas cuja originalidade gerou seguidores e abriu uma vertente pop. A sofisticação pode ser vista em grupos como Som Imaginário, Boca Livre e Roupa Nova, e artistas como Toninho Horta, Beto Guedes, Nelson Angelo, Novelli, Flávio Venturini, Zé Rodrix, Sá & Guarabyra, entre outros. O reconhecimento da crítica especializada, porém, não foi imediato. Sua difusão ocorreu muito mais pelo boca a boca e a sedução direta do disco e dos shows do que por resenhas de jornais, que foram, em geral, apáticas

---

[49] Surgido em meados dos anos 1970, o movimento Black Rio, por exemplo, buscou inspiração no movimento negro americano, cuja influência extrapolou a música e a cultura, espalhando-se pela luta contra o racismo no Brasil. Sobre este movimento, ver Sebadelhe e Peixoto, 2016.

ou mesmo negativas num primeiro momento. Eis como Márcio Borges recorda a reação da imprensa:

> Naturalmente, os críticos foram horríveis. Ficavam querendo comparar Bituca com Caetano e Chico Buarque, não entendiam nada daquele ecumenismo inter-racial, internacional, interplanetário, proposto pelas dissonâncias atemporais de Bituca. Desprezavam os achados de Chopin e o zelo beatlemaníaco do menino Lô.[50]

Tudo ali soava novo, a começar pelo próprio Milton Nascimento, que se reinventou ao embarcar naquele projeto com o jovem parceiro de disco. No álbum duplo, cantando canções do menino Lô Borges com nítida influência dos Beatles, Bituca amadureceu como artista, ampliando seu potencial e marcando uma nova e decisiva fase na sua vida. A partir daí, não mais deixaria de experimentar fusões e sincretismos de toda sorte, mantendo sempre como matriz de inspiração sua Minas Gerais primitiva, profunda e intuitiva. Para Lô Borges, o ineditismo do *Clube da Esquina* nasceu dessa mistura geracional e do entrosamento dos músicos que participaram das gravações: "A originalidade desse disco deve-se ao fato de Milton Nascimento e Lô Borges fazerem músicas distintas. A minha música não tinha muito a ver com a música dele nem a dele comigo."[51]

Mas o diálogo dos mineiros com o pop foi mais seletivo e preciso. As influências marcantes não foram um rock genérico qualquer, mas especificamente os Beatles, sobretudo a fase psicodélica iniciada após *Sgt. Pepper's*,[52] o disco que inventou

---
[50] BORGES, Márcio. Op. cit., p. 272.
[51] GAVIN, Charles. Op. cit., p. 28.
[52] Disco lançado em 1967.

a ideia de álbum conceitual no mundo pop, em que todas as canções estão amarradas a uma proposta central. Charles Gavin afirma que a sonoridade do *Clube da Esquina* evoca o rock progressivo da época, feito por bandas como Yes, Genesis e Emerson, Lake & Palmer, entre outras. Esses grupos, sem exceção, também diziam ter sido influenciados pelos Beatles e aprofundaram a noção de álbum conceitual.[53] Mas o disco de Milton e Lô incorporou ainda, como já foi mencionado, a canção melódica do interior do Brasil, modinhas e cantigas, e também o samba e o jazz urbanos e a sonoridade latino-americana e hispânica que Bituca ouvia na rádio de Três Pontas, como se observa, por exemplo, em "San Vicente" ou na interpretação pessoalíssima da canção do compositor basco Carmelo Larrea, "Dos Cruces". Toda essa mistura que os dois parceiros traziam ainda se beneficiou do virtuosismo e da ousadia dos excelentes músicos que participaram do projeto, como Wagner Tiso.

Lô Borges foi, em certo sentido, o passaporte para o futuro de Milton Nascimento. O compositor sofisticado que nascera após a sessão de *Jules et Jim*, e que trazia uma influência harmonicamente mais refinada do que o rock dos Beatles, intuiu que aquela sonoridade traduzida pelo som do jovem parceiro de 18 anos era um caminho cheio de possibilidades ao qual podia agregar sua vasta cultura musical. Nesse aspecto, Bituca deu um salto que Chico Buarque e Edu Lobo, por exemplo, não deram, permanecendo fiéis à própria história. E assim, o compositor mineiro acabou por construir uma carreira diversificada e mais experimental, marcada por fases distintas, e o *Clube da Esquina*, como percebeu Lô, gerou um "Milton revigorado".[54]

---

[53] GAVIN, Charles. Op. cit., p. 37.
[54] Idem, p. 39.

Para mim, aos 12 anos, bossa nova e tropicalismo eram referências históricas, às quais prestava todas as reverências, mas aquele som que vinha de Minas Gerais — ao lado da experimentação de samba e rock que os Novos Baianos faziam no mesmo momento — era a minha trilha sonora original, contemporânea. Era uma música com a qual eu, que crescera ouvindo rock e MPB, me relacionava emocionalmente, pois de algum modo refletia o presente mais pelo sentimento do que pela razão. Em sua singularidade, o *Clube* expressava nossos sentimentos a ponto de soar natural. Aquela música logo passou a ser fonte de influência, inclusive, para músicos estrangeiros.

Temas como "Trem azul" tinham uma psicodelia parecida com a de "Lucy in the Sky With Diamonds", dos Beatles. A banda inglesa também aparecia a distância em "Paisagem na janela" ou no diálogo marcante entre voz, piano e violoncelo na segunda parte de "Cais", evocando "Eleanor Rigby";[55] ou nas orquestrações nas partes finais de "Um gosto de sol" e "Um girassol da cor de seu cabelo", mas sem cair em mero arremedo, pois as influências jazzísticas e da bossa nova de Milton e os arranjos de Toninho Horta e Wagner Tiso transformavam o pop beatlemaníaco trazido por Lô. Acrescentem-se os falsetes e *vocalises* de Milton; e a poesia marginal dos letristas do grupo. Todos esses elementos reunidos extrapolavam as partes ao formar um todo transcendental. O *Clube da Esquina* dispensava explicação, e talvez por isso tenha pago o preço de não ser relacionado pela crítica especializada com a ênfase que sempre mereceu.

---

[55] Lançada originalmente no disco *Revolver*, de 1966.

5. Na esquina do mundo: uma poesia da estrada

Em "Para Lennon e McCartney", canção de Lô Borges, Fernando Brant e Márcio Borges, gravada no disco anterior, *Milton*, de 1970, há um verso que resume na voz de Bituca o espírito do *Clube da Esquina*: "Sou do mundo, sou Minas Gerais." Estava demarcado ali o território subjetivo e conceitual do álbum e do movimento que surgiria dois anos depois. Uma esquina que servia como referência equidistante entre o local e o universal e, nesse sentido, se localizava em Belo Horizonte, no encontro das ruas Divinópolis e Paraisópolis, no bairro de Santa Tereza, mas igualmente num ponto imaginário do Universo; uma esquina, como diria o poeta Geraldo Carneiro, localizada na periferia do Ocidente, onde um grupo de músicos e compositores se encontrara, ao acaso das encruzilhadas, para lançar ao mundo sua arte.

A referida esquina de fato existe em Belo Horizonte. Há hoje, inclusive, uma placa comemorativa indicando o ponto de encontro dos membros do Clube da Esquina. Ela foi mais frequentada por Lô Borges, Beto Guedes e outros da mesma geração, moradores do bairro. É Lô quem conta uma das versões para o nome:

A onda da Esquina era o seguinte. Eram as pessoas do bairro, do quarteirão que jogavam pelada, futebol ali naquela rua, naquele quarteirão e as pessoas se reuniam à noite para conversar, bater papo, enfim, e eram pessoas de classe média baixa. Então, teve um belo dia que passou, uma bela noite, aliás, passou uma figura, um desses nossos amigos que frequentava pouco a esquina, que era um cara mais abastado, tinha uma condição financeira melhor: "Ah, estou indo pra festa num clube tal, não sei o quê, tenho um convite aqui, estou indo pra festa." Aí, alguém lá falou assim: "Não, nosso clube é aqui mesmo, é o clube da esquina, nosso clube é na esquina." Era o maior barato, a gente fazia festa na esquina, comprava tira-gosto, convidava as pessoas. Então a gente fazia festas na esquina, nos finais de semana, sexta à noite, sábado. Eu frequentava demais a esquina, porque eu adorava tocar violão na esquina.[56]

No entanto, a turma de Milton Nascimento, uma geração mais velha que incluía Márcio Borges, Toninho Horta e Fernando Brant, entre outros, raramente parava por lá. Preferia se encontrar nos botecos da cidade e trabalhar suas parcerias nas casas uns dos outros, especialmente no apartamento da família Borges, mais especificamente no quarto dos homens, onde dormiam os irmãos de Lô. É, portanto, imprecisa a imagem dos membros do Clube se reunindo sistematicamente na esquina da Divinópolis com a Paraisópolis, configurando naquele lugar o início do movimento. A propósito disso, Márcio Borges lembra que o tecladista Lyle Mays e o guitarrista Pat Metheny ouviram falar

---

[56] Depoimento de Lô Borges ao site do Museu do Clube da Esquina (consulta em 3/4/2016), disponível em: http://www.museuclubedaesquina.org.br/museu/depoimentos/lo-borges/.

do *Corner's Club* ainda nos Estados Unidos e naturalmente idealizaram uma esquina onde todos se concentravam para tocar e compor. Quando foram a Belo Horizonte, em ocasiões distintas, insistiram em conhecer o ponto de encontro onde tudo começara, sem se dar conta de que se tratava de um lugar muito mais subjetivo do que real. Marcinho tem uma boa definição da esquina, ao contar sobre a visita de Lyle Mays, ciceroneado pelo saxofonista Nivaldo Ornelas, sugerindo que o Clube da Esquina nada mais é do que um caso de *serendipity* — um acaso feliz, que transformou para sempre a vida das pessoas envolvidas:

> Nivaldo, como participante e testemunha ocular, sabia que o segredo que Lyle procurava não estava nas ruas. A causa de tudo tinha sido a irradiação original e irrepetível, emanada daquela concentração única de talentos que se esbarraram dentro de uma época precisa, brotando dela como frutos inevitáveis. Por isso, tal conjunção jamais voltaria a se repetir, pois assim são todas as épocas. Cada um que bem viveu a sua, acha que precisamente aquela é que foi a boa. E assim vamos envelhecendo, mas não os nossos sonhos.[57]

Na verdade, é o Clube que contém Esquina, não o inverso. E, nesse sentido, ela pode ser muitos outros lugares, inclusive Três Pontas, a cidade mineira que acolheu Bituca com apenas meses de idade e que nosso herói carrega no peito como uma espécie de Macondo, o povoado de *Cem anos de solidão* que o colombiano Gabriel García Márquez inventou baseado em sua Aracataca natal; ou a Comala do mexicano Juan Rulfo, onde viveria um tal de Pedro Páramo. Melhor ainda, a Ítaca do

---

[57] BORGES, Márcio. Op. cit., p. 351.

grego Ulisses: o lugar de todas as saudades, a representação de um retorno impossível, um campo onírico que se olha do exílio e que sempre está mais além; inatingível, mesmo quando se consegue chegar. Foi justamente a fantasia de um lugar para voltar que permitiu a Milton Nascimento voos cada vez mais longínquos. Como afirma o fazendeiro Riobaldo, personagem da obra *Grande sertão: veredas* a seu interlocutor: "O sertão está em todo lugar", pois está, antes de tudo, dentro de nós. Assim é a Esquina do Clube: um lugar que só existe no coração de seus membros; ela é a terceira margem do rio, o limbo, a *twilight zone*, o espaço subjetivo que contém o tempo, no caso, uma época vivida na forma de saudade, como objeto perdido em relação ao qual se está sempre aquém.

O antropólogo Marc Augé, ao se debruçar sobre a supermodernidade, afirma que a noção de "lugar" não se restringe, como já percebemos, apenas a uma região geográfica, a um local concreto. Ela se dá também na linguagem ou no "território retórico", como prefere Augé, onde todos compõem uma cosmologia com "seus aforismos, vocabulário e tipos de argumentação".[58] E, para o Clube que se formou em torno da Esquina, a língua geral de sua cosmologia traz noções cruciais que se complementam, como a ideia de "caminho", como aquilo que permite o transitar entre territórios físicos e subjetivos; e a de "amizade", que fornece o passaporte e o visto para o ir e vir de seus sócios.

No universo do Clube da Esquina predomina, como tema central, o esforço para sobreviver ou superar a asfixia opressiva, agravada pela ditadura e o moralismo careta vigentes. A

---

[58] AUGÉ, Marc. *Não lugares — Introdução a uma antropologia da supermodernidade*. Campinas: Papirus, 2012, p. 73.

imagem da estrada aparece, então, como a metáfora de uma saída possível. Nesse sentido, pode-se vislumbrar uma certa relação com os escritores *beatniks* americanos, que nas décadas de 1940/50 recorreram com frequência à mesma imagem para destilar, num comportamento pleno de excessos, sua angústia existencial com a vida na metrópole, o mal-estar na cultura observado por Freud. Com toda a bebida, as drogas e o sexo livre, retratados em sua literatura como um espelho da vida, os *beats* se esforçaram para superar, com seu niilismo, o espírito puritano e protestante da sociedade em que viviam. E fizeram isso projetando para o futuro, no simbolismo do *on the road*, um mundo a se chegar, onde supostamente haverá redenção, nem que seja cumprindo o destino humano: a inevitabilidade da morte.

A lírica do grupo mineiro também recorre ao universo da estrada e suas vizinhanças semânticas. Mas, além de projetar para o futuro, suas metáforas também tiram vigor do passado. É a cultura barroca e católica do interior de Minas que se mistura a uma noção abstrata de modernidade. Imagem reiterada sonoramente por um órgão de igreja que soa suavemente ao fundo em várias canções do disco, como "Cais", "Os povos", "Ao que vai nascer" e na releitura do samba de Monsueto Menezes e Ayrton Amorim, "Me deixa em paz". No *Clube da Esquina*, a estrada, com todas as suas representações de caminho, partida, chegada, destino, saudade etc. é um lugar em movimento, em que pessoas e histórias seguem adiante ou ficam pelo caminho, petrificadas. Há uma sensação, que subjaz à consciência, de que algo essencial se perdeu e precisa ser recuperado "lá fora", o que aponta para o futuro. Mas, por outro lado, este algo só pode ser restituído como um sentimento nostálgico, quase sempre impreciso, voltando-se para o passado.

A poesia do *Clube da Esquina* é feita dessa coisa que ficou para trás, ao longo do caminho; o objeto perdido que inflama o desejo e se manifesta ora como luto a ser vivido e superado, ora como uma melancolia patológica e aniquiladora do espírito humano. Emite, assim, insinuações psicológicas, em que a estrada é sempre uma possibilidade existencial. Esses sentimentos poderosos transbordam, muitas vezes implicitamente, nas canções do álbum duplo; ou pelo menos era assim, tomados por eles, que ouvíamos o disco e nos reconhecíamos intuitivamente nele. Vem daí a densidade do *Clube* e a nossa identificação com aquela música nova, sobretudo no plano das sensações.

Em "Tudo o que você podia ser" (Lô e Márcio Borges) o poeta fala a um interlocutor, que, de resto, somos nós, sobre o choque entre a fantasia e o real. Somos claramente convidados a encarar a vida em sua concretude, trocar a miragem de uma existência heroica pelas limitações da vida, onde "há sol e chuva". O grande "herói das estradas", com todas as possibilidades e perigos que se lançar ao mundo representa, esbarra na realidade — a diferença entre tudo "o que se podia ser na estrada" e "o que se consegue ser" de fato —, que, ao impor limites, humaniza e permite viver sem medo: "(...) E não se lembra mais de mim/ você não quis deixar que eu falasse de tudo/ tudo que você podia ser, na estrada// Ah! sol e chuva na sua estrada/ mas não importa, não faz mal/ você ainda pensa e é melhor que nada/ tudo que você consegue ser, ou nada."[59]

---

[59] As letras das canções reproduzidas neste livro foram retiradas do site oficial de Milton Nascimento. [N.E.]

Em "Cais" (Milton Nascimento e Ronaldo Bastos), as imagens do porto e do mar trazem de volta o tema da viagem sem rumo e a fuga da realidade. As repetições, aliterações e rimas internas do poema, e o ritmo harpejado e lento da canção, como um mantra, evocam o vaivém das ondas, o pulsar manso e melancólico da maré observada do porto, reforçando o apelo ao sonho da jornada rumo ao oceano sem fim, onde tudo pode acontecer. É comovente a ideia de que há algo a mais lá fora, que se contrapõe à triste realidade do presente. A harmonia densa de "Cais" reforça a hesitação angustiada entre ir ou ficar. A aventura promete um viver intenso e feliz e, por isso, superior à banalidade do cotidiano. Mas a própria atmosfera levemente melancólica da canção sugere a impossibilidade do desejo. Nesse universo está o sonhador com seu caminho liricamente construído, mas o poeta também paga, com a solidão, o preço da irrealidade, ao se lançar ao mundo que sua imaginação cria e onde até o amor é inventado: "Para quem quer se soltar/ Invento o cais/ Invento mais que a solidão me dá/ Invento lua nova a clarear/ Invento o amor/ E sei a dor de encontrar (...)."

"Trem azul" (Lô Borges e Ronaldo Bastos) é uma canção de amor em que a ideia da partida é evocada pela imagem do trem e as palavras sussurradas pelo vento que não são ditas na relação amorosa. O amor, como a vida, é efêmero; volateia sem controle ao vento e se perde na memória se não for reafirmado constantemente. No refrão, o poeta brinca alternando nos versos os vocábulos "sol", "trem" e a própria musa, que não lhe sai da cabeça, incomodando como o sol que arde. Mas o arranjo é suave, principalmente na levada meio jazzística da guitarra, reforçando a leveza sugerida pela cor azul. Não há desespero, apenas resignação. É como se o poeta nos levasse, de mãos dadas, para brincar na estação do trem azul e acenar nosso chapéu à musa que parte, uma partida tão incontornável como o sol que brilha: "(...) Você pega o trem azul/ O sol na cabeça/ O sol pega o trem azul/ Você na cabeça/ O sol na cabeça."

Em "Saídas e bandeiras nº 1" (Milton Nascimento e Fernando Brant), a voz angustiada de Bituca indaga sobre o desespero da época e as opções diante daquela situação. Mais uma vez, o simbolismo da estrada aparece como possibilidade de solução, insinuando que a vida não está aqui, mas em outro lugar, inalcançável. O que nos resta, enquanto isso, é sobreviver nesta maré: "(...) Sair dessa cidade, ter a vida onde ela é/ subir novas montanhas, diamantes procurar/ no fim da estrada e da poeira/ um rio com seus frutos me alimentar."

A estrada aparece novamente em "Nuvem cigana" (Lô Borges e Ronaldo Bastos) como caminho repleto de possibilidades. Também voltam as imagens do sol iluminador e do vento como o imponderável, que aparece como pó, poeira, ventania ("viver é muito perigoso", diria novamente Riobaldo, em *Grande sertão: veredas*). A guitarra mais uma vez é fundamental no clima estradeiro. Nesta canção, o poeta apresenta o narrador como o próprio movimento, o vento que move o pó da estrada, a quem a musa deve seguir para ser livre: "Se você quiser eu danço com você/ No pó da estrada/ Pó, poeira, ventania/ Se você soltar o pé na estrada/ Pó, poeira/ Eu danço com você o que você dançar (...)."

Um dos versos mais fortes em "Um girassol da cor de seu cabelo" (Lô e Márcio Borges) diz "ainda moro na mesma rua", reafirmando a solidez do sentimento de amor, mas igualmente, por contraste, o valor da ideia de movimento. Trata-se de uma canção de amor, sentimento que, de certo modo, se contrapõe à estrada, "inimiga natural" de qualquer laço afetivo, que tende ao enraizamento. De certo modo, subjaz ao tema do amor o dilema entre partir ou ficar. Dividido, o poeta ainda precisa ter a musa "por mais um dia", antes que seja tarde demais: "(...) Se eu morrer não chore não/ é só a lua/ é seu vestido cor de maravilha nua,/ ainda moro nesta mesma rua,/ como vai você?/ você vem, ou será que é tarde demais? (...)."

A canção "San Vicente" (Milton Nascimento e Fernando Brant) evoca, na letra e na sonoridade, a América Latina da época, isto é, a Cordilheira em chamas, assombrada por todas as possibilidades e todos os medos. A doçura do chocolate e o sabor de vidro e corte. A revolução e a opressão; Che e Pinochet. "San Vicente", feita para uma peça de teatro do dramaturgo José Vicente, estava falando metaforicamente do Brasil. Com sua pegada latina, acabou sendo gravada por artistas do continente que Bituca sequer conhecia, e abriu as portas para um vínculo mais consistente do compositor mineiro com artistas e a música que se produzia na região, e que aparecerá mais explicitamente no disco *Geraes*, de 1976, com as participações da argentina Mercedes Sosa e do grupo Agua, do Chile: "Foi o primeiro grande elo com o pessoal do Chile, do México, da Venezuela, da Argentina, do Uruguai, tudo. Então tenho várias relações que começaram daí. O Brasil não se considerava um país da América Latina."[60]

(...)
A espera na fila imensa
e o corpo negro se esqueceu
estava em San Vicente
a cidade e suas luzes
estava em San Vicente

---

[60] Entrevista de Milton Nascimento a Márcio Borges no Museu do Clube da Esquina (consulta em 12/8/2016), disponível em: http://www.museu-clubedaesquina.org.br/museu/depoimentos/milton-nascimento/.

as mulheres e os homens
coração americano
um sabor de vidro e corte
(...)

O "Clube da Esquina nº 2" (Milton Nascimento, Lô e Márcio Borges) traz mais uma vez as ideias de estrada, ventania, viagem e sonhos, relacionando isso com a amizade que amarra essas relações. Segundo Lô Borges, trata-se de um mantra instrumental, que gostavam de tocar nas viagens, ao qual a letra só foi colocada mais tarde por Marcinho, a pedido de Nana Caymmi. "Vou falar uma coisa que eu nunca falei. Mas essa é uma música de amor total, de amor do Bituca, de amor meu pelo Bituca, do Bituca por mim, e de nós dois pela música."[61]

Porque se chamava moço
Também se chamava estrada
Viagem de ventania
Nem lembra se olhou pra trás
Ao primeiro passo aço aço...
(...)

Na canção "Um gosto de sol" (Milton Nascimento e Ronaldo Bastos) a imagem fugaz de alguém que vemos de passagem e que nos mergulha em um estado de nostalgia reforça o sentimento da vida como algo fugidio, que, aos poucos, se extingue. E a ideia de estrangeiro reitera ainda mais a sensação de distância entre o presente e o passado: estamos longe do ponto de partida, petrificados no envelhecimento e distantes da juventude

---

[61] GAVIN, Charles. Op. cit., p. 45.

que, um dia, nos moveu: "(...) Alguém sorriu de passagem/ numa cidade estrangeira/ lembrou o riso que eu tinha/ e esqueci entre os dentes/ como uma pera se esquece/ sonhando numa fruteira."

Em "Nada será como antes" (Milton Nascimento e Ronaldo Bastos) os autores colocam mais uma vez o pé na estrada e se voltam para o futuro, com o poeta-viajante afirmando que amanhã — ou, no mais tardar, depois de amanhã — será diferente e que, mesmo na boca da noite, resiste um gosto de sol, referências a um potencial fim da ditadura militar. A composição, como uma marcha marcial acelerada, enfatiza o tom otimista: "Eu já estou com o pé nessa estrada/ Qualquer dia a gente se vê/ Sei que nada será como antes, amanhã/ Que notícias me dão dos amigos?/ Que notícias me dão de você?/ Alvoroço em meu coração/ Amanhã ou depois de amanhã/ Resistindo na boca da noite/ Um gosto de sol (...)."

De certo modo, a tópica da estrada era também reflexo das constantes viagens dos mineiros ligados ao Clube. Muitas composições, inclusive para outros discos, foram feitas durante viagens do grupo. Milton Nascimento lembra, ao comentar sobre o uso de viola caipira em "Saídas e bandeiras nº 1", que os amigos estavam sempre descobrindo lugares, sobretudo no interior de Minas.

> Eram as viagens, a gente viajava muito. "Eu já estou com o pé nessa estrada", o negócio era verdade, a gente ia para mil lugares e cada lugar apresentava uma coisa diferente que entrava pela gente, era sempre uma troca muito forte, interior de Minas, e foi uma época muito rica para a gente viajar e andar, muito bom![62]

---

[62] GAVIN, Charles. Op. cit., p. 81.

Foi numa viagem a Diamantina, quando o pessoal do Clube acabou se encontrando com o ex-presidente JK, que nasceu, por exemplo, a letra de "Paisagem na janela", de Fernando Brant (sobre música de Lô Borges). Quem conta é Márcio Borges.[63] O grupo foi à cidade mineira para uma reportagem especial da revista *O Cruzeiro*. Hospedados num hotel colonial, Brant ficou num quarto de fundos, voltado para uma igreja, de onde deve ter tido a inspiração para a letra, que vem impregnada com imagens do andarilho errante, o "cavaleiro marginal", aquele que está à margem por ser estrangeiro, por estar de passagem e que tem o conhecimento de quem viaja e conta coisas maravilhosas, difíceis de acreditar: "Da janela lateral/ do quarto de dormir/ vejo uma igreja, um sinal de glória/ vejo um muro branco e um voo, pássaro/ vejo uma grade, um velho sinal (...)."

Desde Ulisses e a *Odisseia*, representações sobre pôr o pé na estrada, viajar, enveredar-se pelo desconhecido fertilizam a imaginação do Ocidente, e os poetas do Clube da Esquina atualizaram seu sentido existencial, colocando em sua poesia a metáfora da estrada como uma possibilidade de fuga de uma conjuntura particularmente difícil e opressora. Nesse sentido, a lírica do Clube atualiza a melancolia do decadentismo romântico, despindo a vida de qualquer transcendência metafísica com seu existencialismo seco. Mas atualiza esse movimento numa linguagem contemporânea, pop e às vezes psicodélica. Na verdade, a poesia do Clube evoca uma perda que está até mesmo além das contingências nada banais da realidade, além da repressão política da época ou do infortúnio amoroso e existencial. Ela trata, na verdade, de uma perda mais essencial e intuitiva, com a qual nos identificamos, nem que seja inconscientemente.

---

[63] BORGES, Márcio. Op. cit., p. 258.

A estrada aparece como alternativa ao desencanto generalizado, que, contaminado pela ditadura militar, ganhara uma concretude tóxica. Afinal, aqueles eram, de fato, anos de chumbo. Trata-se, portanto, de uma poesia que calou fundo no coração da minha geração, que chegava à vida adulta nas complexas circunstâncias daquele início de década, confrontada pelo terror de um Estado opressor e assassino, e pela alternativa dramática entre tipos distintos de resistência, entre uma militância fadada à tortura e à morte ou o mergulho na arte, o que trazia o risco de se tornar mera alienação. Com o Clube, nós também colocamos, ao nosso modo, o pé na estrada e inventamos a nossa "esquina".

Mas se a literatura fornece infinitas possibilidades de leitura desse lugar que a "esquina" do Clube representa simbolicamente, a sociologia e a psicologia também contribuem para localizar num mapa subjetivo e distinto outras interpretações que nos ajudam a esclarecer sentidos que o título do álbum sintetiza. A partir da experiência do disco, podemos pensar numa identidade mineira que ganha vida quando contrastada com alteridades possíveis, expressas por meio de oposições, como "interior" e "litoral"; "rural" e "urbano", entre outras, que no fundo retomam os conceitos do sociólogo Ferdinand Tönnies: *Gesellschaft* (sociedade) e *Gemeinschaft* (comunidade).

A ideia da *Esquina* como identidade se sustenta no espaço entre o "lá" e o "aqui". É aí, na verdade, onde se localiza o seu "lugar", isto é, a sua existência. Como sintetiza o verso de Manduka na epígrafe deste livro, os mineiros do Clube são estrangeiros em sua própria terra, assim como nas terras aonde chegam. É neste vácuo improvável onde constroem uma identidade simultaneamente provinciana e cosmopolita, e que se reflete no sincretismo singular de sua música. Sua "mineirice" se mantém no litoral, mas quando estão em Minas, trazem consigo uma certa maresia de suas jornadas ao estrangeiro. Na verdade, já não estão nem "lá" nem "aqui", estão "entre", presos numa geografia cuja identidade se forja no contraste.

A Minas Gerais do Clube da Esquina é uma identidade abstrata tecida num território onde se dá o encontro de universos opostos, com todas as possibilidades que emergem de um lugar fronteiriço e limiar. Um Brasil a meio caminho entre o urbano, o acelerado e o desenvolvido, localizado no "litoral", e um Brasil lento e remoto, perdido no "interior", com tudo que guarda de profundo e puro. A força singular do disco provém desta intercessão riquíssima, sintetizada no verso de "Para Lennon e McCartney", unindo o local e o universal no mesmo espaço. Um diálogo entre o provinciano, isto é, o enraizamento na terra, na comunidade e na família, com suas melodias e lendas folclóricas, e o cosmopolitismo, onde impera a ausência de raízes, onde os laços de proximidade são substituídos por regras gerais e leis civilizadas, aplicáveis, pelo menos teoricamente, a todos indistintamente.

O fato de o Clube da Esquina nascer em Belo Horizonte, a capital do interior do Brasil, deu pano para manga para todo tipo de associações vertiginosas sobre esse "lugar", ao mesmo tempo urbano e rural, com todas as portas abertas e o trânsito livre entre universos díspares. A musicalidade e a poesia não poderiam nunca ser iguais às das metrópoles do litoral, expressas por outro idioma. Presos no limbo de sua singularidade, Milton Nascimento e a turma do Clube da Esquina levaram ao mundo seu som original, insinuando territórios inusitados por onde minha geração transitou e foi acolhida.

6. Os poetas do Clube

A trinca responsável pela maioria das letras das canções do Clube, como já foi dito, era composta por Márcio Borges, Fernando Brant e Ronaldo Bastos, sem mencionar o próprio Bituca, poeta de mão-cheia, como podemos ver em letras como "Canção do sal" e "Morro velho". Os dois primeiros estavam desde o início da formação do Clube, especialmente Marcinho, parceiro de primeira hora de Bituca, após a experiência de *Jules et Jim*. Ronaldo fez parte da fase carioca de Milton Nascimento, mas ainda na pré-história do disco de 1972. Esses poetas estavam inseridos, direta ou indiretamente, numa geração que refletia com voz própria as perplexidades daqueles tempos.

Mais do que o lirismo do dia a dia, presente de formas distintas nas canções da bossa nova e da Tropicália, a poesia do Clube da Esquina era impregnada de imagens poderosas, metáforas inesperadas e um sentimento que não fugia à angústia daqueles dias. Era com frequência uma poesia dura, com sabor de vidro e corte, e também existencialista, vibrando num nível bem próximo ao lirismo dos poetas marginais. Letras que falavam diretamente à minha geração. Como afirma Márcio Borges, o Clube da Esquina foi um movimento não porque seus sócios quisessem lançar um manifesto com intenções estéticas precisas, mas porque, movidos pelo ímpeto da juventude, pretendiam transformar o planeta em todos os aspectos.

Intenção, é preciso reconhecer, não só pretensiosa, como impossível naquela conjuntura de opressão total. E, talvez, venha dessa impossibilidade a força quase heroica de sua poesia e seu poder sedutor sobre a minha geração. As letras de Ronaldo, por exemplo, estão impregnadas da angústia gerada pela contradição entre a ditadura, que parecia nunca ter fim, e o desejo de mudar o mundo. Ao falar sobre aquela época, o poeta reflete: "Nem toda música com metáforas — exageradamente metafórica — pra fugir da censura era boa. Mas a gente enxergava dessa maneira."[64] E a minha geração, sua audiência, perplexa com aquela música, se identificava com aqueles versos não só por traduzir de forma poética a agonia dos dias, mas igualmente por nos apontar caminhos existenciais, ainda que de forma subjetiva. O lirismo do Clube, com sua contida angústia, refletia a aspereza do momento e nos preparava para a realidade. Foi um disco sobretudo sem inocência.

Assim, com sua "esquina", o álbum duplo representou não apenas uma revolução na música popular que se fazia no Brasil no fim dos anos 1960, mas evidenciou também uma poesia que se destacava por sua voz própria. De um lado, a bossa nova suavizara a temática poética, principalmente com Vinicius de Moraes, e a Tropicália dialogava com os poetas concre-

---

[64] Depoimento ao Museu do Clube da Esquina (consulta em 12/8/2016), disponível em: http://www.museuclubedaesquina.org.br/museu/depoimentos/ronaldo-bastos/.

tos de São Paulo e introduzia elementos banais do cotidiano, como uma Coca-Cola e a banca de jornal. Do outro, o Clube absorveu a poesia urbana, falada, dos poetas marginais do Rio de Janeiro, em especial a turma da Nuvem Cigana, nome de uma das canções do disco e inspiração para um grupo de poetas que se apresentava por meio das Artimanhas. Era um jogo de palavras com as ideias de "arte" e "manha", criação e malandragem, para se referir às performances em locais públicos, em que os membros do grupo recitavam seus versos, não raro de forma catártica e dionisíaca.[65] A oralidade dava uma dicção própria aos versos, que, dessa forma, saíam das páginas dos livros e ganhavam vida na voz de seus autores. E, embora não formasse uma escola num sentido estrito, foi chamada de "marginal".

Sergio Cohn observa, com o olhar arguto de editor e poeta, que a Nuvem Cigana foi responsável por fazer, de maneira sistemática, uma poesia falada, urbana e contemporânea. Uma forma que se distinguia da temática e do estilo barroco da literatura de cordel, também oral, e dos repentistas nordestinos, e que trouxe a força do recitar para a polifonia urbana da cidade. "Nas Artimanhas, a poesia pode enfim se libertar da solidão do papel para se tornar uma manifestação coletiva. Para usar a feliz expressão de Chacal, o Brasil descobriu 'a palavra propriamente dita'",[66] Cohn afirma ainda que a Nuvem Cigana também marca uma distinção entre a poesia paulistana, tributária do concretismo e suas experimentações radicais com a linguagem e que consolidavam as propostas das vanguardas do início do século,

---

[65] Numa de suas apresentações, em São Paulo, o poeta Tavinho Paes urinou no palco, e a performance foi interrompida.
[66] COHN, Sergio. Op. cit., p. 5.

especialmente o modernismo, e a carioca, que, com os poetas marginais, mergulhou na retórica do cotidiano urbano:

> Em outras palavras, em São Paulo, a poesia tendeu para a elipse e a fragmentação, se aproximando principalmente das artes plásticas e da música erudita moderna, e no Rio de Janeiro, ao contrário, ela se aproximou da prosa, do teatro e da música popular, absorvendo uma estrutura mais narrativa e rítmica.[67]

A Nuvem Cigana, prossegue Cohn, radicalizou a "escola" carioca, sobretudo a partir das Artimanhas, quando os poemas curtos e contundentes dos marginais, muitos em forma de haicai, ganharam fôlego e ritmo com as performances em locais públicos. A comunicação oral injetava a poesia diretamente na audiência, na entonação e no sotaque de seu intérprete e, mais do que isso, dava um sentido oral aos versos, que se prestavam a uma interação com a música. Essa estrutura também se aproximava da apresentação musical. Era, em suma, um show. Nesse processo, afirma Cohn, "a poesia deixou de ser autorreferente para olhar para fora, para as outras diversas formas de expressão".[68]

Fred Coelho faz um balanço bem interessante da poesia marginal, que nos ajuda a entender também o contexto da poesia do Clube da Esquina:

> Hoje, ampliando o nosso olhar em torno do tema, podemos compreender com mais acurácia o que se convencionou chamar de "poesia marginal brasileira". O poeta marginal não pode mais ser

---

[67] Idem, p. 5.
[68] Idem, p. 6.

definido apenas pelos livros mimeografados que fez (definição a partir do produto), nem pela estreita relação entre poesia, vida e contracultura (definição a partir das biografias), nem apenas pela informalidade de uma poética oriunda das perplexidades cotidianas do jovem urbano brasileiro durante a ditadura militar (definição a partir do tema). O poeta marginal era, naquele período, uma reunião contraditória de todos esses aspectos. Ele fazia parte de um compromisso estético coletivo cerzido ao acaso. Participou de um pacto silencioso entre anônimos, descentralizados em suas intenções, mas contundente em seus atos.[69]

Enquanto os poetas marginais, e com eles a Nuvem Cigana, levavam a poesia carioca para uma nova fase, mais exposta, declamada em performances catárticas, os membros do Clube da Esquina, que já faziam uma poesia original, chegavam ao Rio, e o encontro dos dois grupos foi crucial para o nascimento do disco de 1972.

Embora ambos vivessem no Rio, Ronaldo Bastos encontrou Cafi em Recife, bem antes de o fotógrafo pernambucano fazer a emblemática foto da capa do disco dos mineiros. Os dois já se conheciam no Rio, mas foi ali, naquela viagem, que se tornaram amigos. Também foi nesse momento que ambos ouviram pela primeira vez o disco recém-lançado de Elis Regina, *Elis*, de 1966. E, no disco, a "Canção do sal", de Bituca, chamou logo a atenção da dupla, que ainda não conhecia o compositor mineiro. Ronaldo lembra aquele momento:

> A gente foi para uma noitada na casa de um amigo e ficamos escutando o disco da Elis Regina, que tinha "Canção do sal". E

---

[69] COELHO, Frederico. Op. cit., p. 18.

nos ligamos imediatamente na música. Acho que furei o disco do cara, de tanto escutar ela. Eu fiquei realmente intrigado com a música, me perguntava como é que aquele compositor que eu nunca tinha ouvido falar tinha conseguido fazer uma música ao mesmo tempo tão bonita e tão estranha.[70]

De fato, "Canção do sal" é uma peça estranha. O próprio Milton Nascimento lembra que ficou com vergonha de mostrar para o amigo Marcinho Borges, que adorou. Quando apresentou seu repertório a Elis, para que ela escolhesse uma canção para seu disco, Bituca tocou e cantou várias de suas composições, sem que Elis e Gilberto Gil, que estava ajudando a cantora a selecionar o repertório do disco, se decidissem. "Chegou um momento em que eu parei e eles perguntaram se eu não tinha mais nenhuma música (...). Aí eu lembrei dessa e comecei a tocar 'Canção do sal'. Ela falou: 'É essa!'"[71]

De volta ao Rio, Ronaldo conheceu Bituca, que se mudara para a cidade, dividindo um apartamento com Naná Vasconcelos, Novelli e Nelson Angelo. Foi nesse momento que Cafi e o poeta carioca começaram a andar com a turma de Minas. Na verdade, estavam se formando os laços de amizade que compõem o Clube e extrapolam as divisas de Minas. Em depoimento no livro sobre a Nuvem Cigana, de Cohn, Ronaldo Bastos recorda o encontro com Bituca:

> Perto da minha casa tinha o Teatro Jovem, onde muita coisa estava acontecendo. Foi lá que vi pela primeira vez o Gilberto Gil, que havia acabado de chegar da Bahia, e o *Rosa de ouro*. Um

---

[70] COHN, Sergio. Op. cit., p. 46.
[71] GAVIN, Charles. Op. cit., p. 58-9.

dia, saindo de lá, entrei num boteco ao lado e encontrei o Novelli, que era um músico de Minas que eu já conhecia. Ele estava bebendo com um amigo, e me apresentou. Demorei para perceber que era o Milton Nascimento, que tinha composto aquela música de que tinha gostado tanto.

(...)

Tínhamos interesses em comum, que iam além da arte. Éramos ligados no cinema novo, na bossa nova, mas antes de tudo estávamos procurando mudar o mundo. Não tinha uma teoria exata por trás disso, nem um programa, nem nada, mas havia um desejo e um encontro.[72]

Milton também se recorda do seu encontro com Ronaldo, seu parceiro em "Cais":

Estava falando do Ronaldo. Então, foram me apresentando as pessoas aqui no Rio, e tal, e eu fui batendo papo e, de repente, encontro alguém com um papo semelhante ao teu [Márcio Borges], ao do Fernando [Brant] e ao meu, né. Aí falei assim: "Esse cara aí não tem jeito, não." E aí foi uma gamação também, né, logo. E depois eu vi que ele realmente era diferente de muitos outros que tinham...[73]

A estreia de Fernando Brant como poeta do grupo mineiro foi catártica. Bituca havia composto a parte instrumental de "Travessia", mas não quis fazer a letra ou repassar tal incumbência

---

[72] COHN, Sergio. Op. cit., p. 46-7.
[73] Entrevista de Milton Nascimento a Márcio Borges no Museu do Clube da Esquina (consulta em 12/8/2016), disponível em: http://www.museu clubedaesquina.org.br/museu/depoimentos/milton-nascimento/.

para Marcinho, seu parceiro mais frequente naquele momento. E decidiu entregar a tarefa a Fernando, que nunca havia escrito uma letra de música nem mexia com música. Na entrevista a Márcio Borges, Bituca recorda esse momento:

> Aí, lá em São Paulo, eu fiz a música de "Travessia", fiz "Morro Velho", que eu escrevi a letra, e chegou a hora de "Travessia", eu achei que não era pra eu fazer a letra, e nem pra você [Márcio Borges] fazer, porque ela não tinha cara de nenhum de nós dois. Aí, eu falei assim: "ah, quer saber? Eu vou dar essa pro Fernando fazer." Aí, viajei pra Belo Horizonte, falei pro Fernando e ele, "você está louco, eu não mexo com isso não, rapaz", não-sei-quê, aquele negócio todo, ele não queria fazer. Eu tive que convencer, e ele: "eu nunca mexi com isso, sou teu amigo, eu gosto, mas não sei mexer com isso não, nunca escrevi nada". Então, deixei a música com ele e ele falou assim: "mas, e se ficar ruim?". Eu falei: "Se ficar ruim, vai ser o negócio. Vai ser a música da nossa amizade, aquela hora que a gente está tão bêbado, ou você ou eu (imitando a voz de bêbado): 'Você foi a melhor coisa que aconteceu na minha vida!', aquele negócio assim, aí a gente pega, vai cantar." Aí ele concordou.[74]

Márcio Borges brinca com o próprio ciúme da parceria concorrente, afirmando: "É impressionante o Fernando ter começado por 'Travessia', né? Trata-se de um... canalha (risos)." E lembra que, quando Bituca mostrou a letra de "Travessia", ele pensou: "Senti que ali tinha acabado minha carreira (risos). Eu senti nitidamente que o Fernando estava começando por onde

---

[74] Idem.

eu ainda não tinha chegado."[75] Trata-se de um ciúme compreensível não só porque Marcinho foi o primeiro parceiro e viu os demais se incorporarem ao Clube mais tarde, obrigando-o a compartilhar um espaço que, antes, era só seu, mas também porque ele e Bituca tinham um pacto, feito nos primeiros dias de parceria, de só comporem juntos. Além disso, a forma imperial como Milton distribuía suas melodias deixava os poetas com inveja de que determinados temas musicais fossem entregues aos outros.

---

[75] Idem.

7. Um cenário improvável à beira-mar

Curiosamente, do ponto de vista estritamente geográfico, o cenário mais preciso do nascimento do Clube da Esquina não foi o cruzamento das ruas Divinópolis e Paraisópolis, na capital mineira, mas uma improvável vila de pescadores na praia de Piratininga, um balneário de Niterói, no estado do Rio de Janeiro. Ali, no bairro de Marazul, o produtor de Milton Nascimento alugou uma enorme casa para que Lô Borges e Bituca pudessem se concentrar nas composições das músicas para o álbum. Para lá se mudaram Milton, Lô, Beto Guedes e Élcio Romero, o Jacaré, primo de Bituca. Em Minas, na rua Divinópolis, 136, residência de Márcio Borges, se concentravam os membros do Clube que ficaram em Belo Horizonte, inclusive Fernando Brant, trabalhando nas letras com Márcio, e os músicos, como Toninho Horta, desenvolvendo ideias musicais.

Cerca de dois anos antes, Lô e Bituca inauguraram sua parceria com uma canção emblemática, com letra de Márcio Borges, batizada de Clube da Esquina, sem que o trio suspeitasse que aquele nome batizaria, bem mais que uma canção, um encontro de duas gerações de compositores e músicos mineiros. Conforme recorda Marcinho, Bituca já estava morando no Rio, indo com frequência a Belo Horizonte. Numa dessas idas, foi ao apartamento dos Borges, mas não havia ninguém, e, quando já ia embora, esbarrou com Lô, que chegava da rua. Foram então à lanchonete próxima, onde o jovem pediu uma caipirinha. Esta foi a primeira vez que Milton Nascimento se deu conta de que o jovem do clã dos Borges havia crescido.

Lô, por sua vez, aproveitou aquele encontro para reclamar que nunca fora chamado para tocar com "os mais velhos". Milton foi sincero: "Bicho, só agora, neste minuto, é que eu descobri que você não é mais aquele menininho do Edifício Levy."[76] Decidiram então voltar para a casa dos Borges, onde Lô mostrou uma sequência harmônica que estava desenvolvendo. Começou ali a primeira parceria entre os dois. Bituca foi colocando uma linha melódica por cima dos acordes de Lô. Quando a estrutura estava quase pronta, Márcio chegou da rua e encontrou os dois ali, trabalhando. Ao lhe mostrarem a melodia, ele decidiu: "Vou pôr uma letra nisso!" Assim nasceu a canção "Clube da Esquina", que, a seu jeito, se tornaria o hino daquele encontro: "Noite chegou outra vez/ de novo na esquina os homens estão/ todos se acham mortais/ dividem a noite, a lua, até solidão/ neste clube a gente sozinha se vê/ pela última vez/ à espera do dia naquela calçada/ fugindo de outro lugar (...)."

Márcio conta que, enquanto ia escrevendo, a mãe, dona Maricota, também chegou da rua e ficou vendo o filho criar aqueles versos. De repente, faltou energia elétrica, e ela correu para acender uma vela para o filho continuar trabalhando no texto. Enquanto isso, Lô e Bituca repetiam incessantemente o tema:

> Quando Bituca e Lô cantaram o tema com esta letra, mamãe começou a chorar de emoção.

---

[76] BORGES, Márcio. Op. cit., p. 218.

> Isso logo virou uma espécie de hino lá em casa. Todos cantavam (...) Em seguida, foi a rua, a turma do Clube (...) todos tomaram conhecimento do hino que eu criara e tratavam de divulgar (...), embora não fizesse ideia do quão famosa esta expressão ainda iria se tornar: "Clube da Esquina".
>
> (...)
>
> O fato é que "Clube da Esquina" se revelou carismática, digna de inaugurar aquela parceria entre Lô, dezesseis, e nosso irmão número doze, Bituca, 26. Eu, 23, muito indeciso no meio; achava a letra, depois de tudo, muito lunática e triste; eu próprio me sentia assim.[77]

Marcinho conta que, a partir da composição de "Clube da Esquina", Bituca e Lô passaram a compor mais e mais, a ponto de parecerem, nas palavras do poeta, "uma espécie de entidade híbrida, homogênea, autóctone, constituída de duas cabeças, quatro mãos e dois violões".[78] As discussões em torno do disco envolviam os amigos mais próximos dos dois parceiros, especialmente os poetas do grupo. Nesses debates surgiu a ideia de fazer o álbum duplo, que por ser coisa ainda incomum no Brasil, enfrentava resistência por parte das gravadoras. Márcio Borges diz que Ronaldo Bastos insistiu para que, além de duplo, o álbum fosse igualmente concebido com início, meio e fim, isto é, um álbum conceitual, outra coisa inédita. Isso significava que as composições precisariam indicar um caminho, uma lógica sonora, em vez de ser um mero amontoado de canções. A referência na cabeça de todos naquele momento era o rock progressivo de grupos como Yes,

---

[77] BORGES, Márcio. Op. cit., p. 220-1.
[78] Idem, p. 222.

Genesis, Pink Floyd, entre outros, cuja raiz estava no LP *Sgt. Pepper's* dos Beatles. A guinada do rock progressivo, sobretudo na Inglaterra, representava, entre outras coisas, um amadurecimento musical do rock, que mais tarde seria visto negativamente como um afastamento da força primitiva do "rock de raiz", mais simples e autêntico. O progressivo, por sua vez, dialogava com a música erudita. Não tinha pudor em colocar orquestrações e, nos casos mais agudos, chegava mesmo a conceber os discos como uma estrutura sinfônica, com vários movimentos. Para os mineiros, no entanto, era o sinal de que o seu trabalho, que já trazia as misturas proporcionadas pela bossa nova, a Tropicália e o jazz fusion, poderia trazer também o som cru do rock, rejuvenescendo e revigorando, como bem percebeu Marcinho, o som de Bituca.

Antes de irem para Niterói, Lô, Beto Guedes e o primo Jaca praticamente se mudaram para o apartamento de Bituca, no Jardim Botânico, próximo à entrada do Túnel Rebouças, no Rio. Mas a relação com os vizinhos logo azedou. Eles estavam assustados e incomodados com aqueles jovens moradores de hábitos estranhos e horários não convencionais, que mudaram a rotina do prédio, ao transformar o apartamento em uma espécie de república de hippies. A tensão cresceu a ponto de alguém chamar a polícia com denúncias inventadas, evidenciando o provincianismo careta da classe média carioca. Numa dessas ocasiões, Bituca chegou até mesmo a ser detido, o que, naqueles tempos de ditadura e tortura, não era nada recomendável. Com tantos conflitos, o clima não favorecia a concentração para o trabalho de compor as canções do disco. E foi assim que todos decidiram se mudar para Piratininga, onde, além do mais, havia um maior isolamento e menos interrupções.

Pode-se dizer que o embrião do disco que viria é germinado em Belo Horizonte, mas é em Piratininga que ele ganha corpo e alma. O bairro era chamado de Marazul pelos pescadores. Marcinho descreve a casa como enorme e "de estilo bizarro, com varandas em arco e colunatas", acrescentando que os moradores da região diziam ser um casarão mal-assombrado. Integrava-se a um pedaço de rocha saliente de uma encosta com vegetação típica da Mata Atlântica. De uma de suas janelas, via-se a pequena enseada em forma de "U", com areia branca e pedras, diante do mar aberto da costa niteroiense:

> Ali seria o QG da turma, durante a batalha do disco duplo. Logo foram chegando os outros, Rubinho e Sirlan, de Belo Horizonte, Wagner Tiso, Tavito, Roberto Silva e Luís Alves, vindos do Rio. Às vezes os ensaios iam até tarde e uma porção deles dormia lá, mas no dia a dia a casa era mesmo habitada por Bituca, Lô, Beto e Jaca. De manhã bem cedinho Bituca tirava todos da cama, para um mergulho no mar. Ronaldo e Cafi também frequentavam o local. O fotógrafo pernambucano registrava tudo com suas lentes. Apesar dos banhos de mar matinais, nem tudo era programa-saúde naquele casarão. Como de costume, as garrafas vazias começaram a fazer parte do *décor*.[79]

Inaugura-se aí uma nova fase na produção musical de Milton Nascimento, graças sobretudo à juventude de Lô Borges, como percebeu Marcinho: "Com sua juventude e beatlemania, estavam aportando ao som de Bituca uma nova luminosidade,

---

[79] Idem, p. 263-4.

um pique atlético, virilidade de macaco novo."[80] Bituca era o resultado de miscigenações e sincretismos intuitivos, que marcavam a singularidade de sua personalidade e provinham de sua história no campo da música, desde os tempos em que atuara como *crooner* nas boates de Belo Horizonte, cantando os *standards* de bossa nova, jazz e sambas-canções. E Lô crescera na urbana Belo Horizonte, acompanhando de perto a produção musical de Bituca com seus irmãos, mas enveredando por um caminho próprio. Ainda adolescente, formou com Beto Guedes um grupo de rock inicialmente tocando cover dos Beatles, para logo em seguida produzir composições próprias com nítida influência do quarteto de Liverpool.

Instalados na "mansão mal-assombrada" de Piratininga, os compositores começaram a produzir canções, cujas letras iam sendo inseridas durante as constantes visitas dos poetas do grupo. Lô Borges, em depoimento a Charles Gavin, lembra aquele momento como o nascimento do projeto do disco:

> E fomos morar nessa casa em Piratininga que para mim foi uma maravilha, porque ali a gente começou a concentrar e a fazer o disco mesmo. Ali foi a concentração para fazer o disco, foi um barato. Ficava em um quarto, o Bituca fazendo as músicas dele. Tive a felicidade de ver o Bituca fazer "Lilia", fazer várias canções que estão contidas no *Clube da Esquina*. Eu vi o Bituca fazendo ao vivo, de ver o cara assim dentro do quarto; e tinha o quarto que eu fazia as minhas músicas e o Beto Guedes ficava igual médico andando de um quarto para o outro, vendo o que cada um estava fazendo. Um laboratório total. Então era isso que estava acontecendo, ficava o Bituca no estilo dele, na ma-

---

[80] Idem, p. 222.

neira dele, e eu fazendo minhas canções no outro quarto. E era sempre assim, visita direto. No dia que as canções iam ficando prontas a gente recebia os letristas [Ronaldo Bastos, Fernando Brant e Márcio Borges].[81]

O isolamento em Piratininga provou-se essencial para o processo criativo do grupo. Cada um dos parceiros, em seu quarto, dava tratos à bola para compor as canções do disco. A presença dos músicos e poetas do Clube era constante. E desse modo os temas para as letras iam sendo lapidados, assim como as ideias de arranjos para as bases, sobre as quais mais tarde seriam acrescentados outros elementos, inclusive orquestração, em geral a cargo de Paulo Moura e Wagner Tiso.

Por ter se sentido isolado, uma vez que todos os demais envolvidos no projeto eram da geração de Bituca, Lô insistiu desde o início para que Beto Guedes, seu parceiro de banda de rock, também se hospedasse na casa. Assim, Lô teria alguém de sua geração para dialogar e mostrar as composições que ia desenvolvendo. Beto Guedes acompanhava o nascimento das canções, integrando-se aos poucos ao projeto. À medida que as melodias iam sendo compostas, os letristas do disco chegavam para pôr as letras: Ronaldo Bastos, que morava no Rio, era presença quase diária, já Márcio Borges e Fernando Brant apareciam menos vezes, vindos de Belo Horizonte. Os músicos que participariam das gravações também visitavam com frequência a casa em Piratininga, muitos dos quais acabavam se hospedando por lá, criando uma atmosfera de "república".

---

[81] GAVIN, Charles. Op. cit., p. 26.

Convencer a diretoria da Odeon não foi tarefa fácil. Afinal, a proposta de Milton era ousada: fazer um álbum duplo e em parceria com um menino desconhecido. Na concepção da gravadora, se desse errado, o prejuízo seria enorme, tanto financeira como artisticamente. Mas a gravação de "Para Lennon e McCartney" e "Clube da Esquina" no álbum anterior dava sinais claros do potencial de criação da dupla, na linha proposta por Bituca em parceria com o jovem Lô Borges. Ademais, eram canções que estavam na boca da juventude. Mesmo assim, houve resistências. Mas Milton estava resoluto. Ou a Odeon bancava o disco ou ele procuraria outra gravadora para realizar o projeto. Segundo Márcio Borges, foi Adail Lessa, diretor de elenco da gravadora, quem batalhou e convenceu o restante da diretoria a embarcar na proposta do disco duplo.

> Enquanto isso, Gal lançou o primeiro álbum duplo produzido no Brasil. Não importa. O nosso estava chegando. Ronaldo estava em plena forma. Num intervalo de poucas semanas escreveu para Bituca "Cais", "Cravo e canela", "Um gosto de sol" e "Nada será como antes". Ainda teve tempo e inspiração para escrever para Lô "O trem azul" e "Nuvem cigana" a partir de uma fita cassete que meu irmão lhe entregara. De minha parte, tinha escrito "Os povos" sobre música de Bituca... "Ê minha cidade, aldeia morta, anel de ouro, meu amor/ na beira da vida a gente torna a se encontrar só..." E ainda "Um girassol...", "Tudo que você podia ser", "Estrelas" e "Trem de doido", para músicas de Lô.[82]

Começou então a etapa de estúdio, onde eram feitos os arranjos de base, antes das orquestrações, e em seguida, na

---

[82] BORGES, Márcio. Op. cit., p. 257.

mesma sessão, as gravações. Foi um processo coletivo, em que todos participavam tocando instrumentos, cantando e dando sugestões nos arranjos e nas interpretações. Bituca e Lô traziam as músicas quase prontas e Wagner Tiso ia distribuindo tarefas, sobre quem tocava o quê. O trabalho ia sendo feito com quem estivesse no estúdio — alguns dos membros do Clube só chegavam à tarde — e, desse modo, todos acabavam participando em distintos papéis. Wagner se recorda:

> Isso que era uma maravilha [no processo de realização do *Clube*]. Além de ser analógico, gostoso de ouvir, não tem aquela mixagem perfeita e agudinha de hoje, tem aquele calor humano de todo mundo fazendo música junto. Estávamos fazendo música dentro do estúdio. O Clube da Esquina parecia um clube mesmo funcionando. Cada um chegava com suas ideias prontas, os compositores, e os músicos participavam, davam ideia, todo mundo, ali, participando.[83]

Toninho Horta confirma o inusitado da produção coletiva do disco na fase de estúdio: "A coisa mais característica da gravação foi a liberdade que todo mundo tinha."[84] Beto Guedes foi um dos mais ativos. Atuou em vinte das 21 canções, tocando de tudo um pouco, do baixo à bateria. Segundo ele, sua participação vocal em "Nada será como antes" acabou sendo um ponto importante de sua carreira, ainda no início.

O estúdio, localizado na avenida Rio Branco, no centro do Rio, era de dois canais, um separado para as vozes e o outro,

---

[83] Depoimento do músico ao documentário *Clube da Esquina*, de Diogo de Oliveira.
[84] Idem.

para os instrumentos: as bases e a orquestração. Isso exigia enorme precisão na hora de gravar. Qualquer erro obrigava que tudo fosse refeito desde o início, o que gerava uma certa tensão e exigia concentração dos músicos. No entanto, o entrosamento era tanto que, muitas vezes, as gravações foram feitas de primeira. Todos ressaltam, nesse momento, a liderança de Bituca. Ele próprio reconhece o papel que desempenhou, dando as diretrizes durante todo o processo de gravação e arranjos:

> Era tipo o irmão um pouquinho mais velho, eu tinha que direcionar um pouco porque era muito difícil gravar naquela época, então com o lance de conhecimento do estúdio eu tinha mais facilidade de conduzir a coisa.[85]

Tavito acerta ao apontar que "o Clube da Esquina elevou o nível e colocou muita gente num outro patamar de qualidade estética, embora fazendo uma música popular",[86] inclusive os próprios compositores e músicos do grupo, que voltariam à carga anos depois com o *Clube da Esquina 2*. Para Bituca, ele representou uma renovação de sua própria forma de criar. O disco foi, em muitos sentidos, um passo para as coisas que Milton Nascimento viria a fazer em seguida, sem medo de experimentações, como se vê nos discos subsequentes, *Milagre dos peixes*, *Minas* e *Geraes*.

Mas para além do próprio Bituca, o *Clube da Esquina* trouxe uma estética nova para a música popular brasileira, sem que isso tivesse sido planejado. Abriu-se toda uma vertente da MPB,

---

[85] GAVIN, Charles. Op. cit., p. 83.
[86] Depoimento do músico ao documentário *Clube da Esquina*, de Diogo de Oliveira.

antes inexistente. Nas palavras de Ronaldo Bastos: "Sem programa, sem teoria, sem nada, a gente foi virando uma coisa só (...). Criou uma estética sem pensar nisso."[87] Márcio Borges vai pelo mesmo caminho:

> Porque a pessoa pensa assim: como é que os caras podem ter feito isso sem ter sido preconcebido? (...) Porque foi um trabalho tão elaborado, tão bem-feito, tão visceral, que envolveu a vida de tantas pessoas, durante tantos anos, que é difícil não considerar um movimento. Só que não era.[88]

Lô Borges, por sua vez, produziu inúmeros discos após a experiência do *Clube da Esquina*. Suas composições continuaram sendo gravadas por importantes intérpretes da MPB, no entanto a crítica especializada manteve-se, em geral, apática à sua produção. A geração BRock, porém, buscou sua influência. Grupos como Nenhum de Nós e Pato Fu e compositores como Nando Reis mantiveram um forte diálogo com a música de Lô. Recentemente, Lô e o grupo Skank fizeram um trabalho em parceria, resgatando inclusive canções do período do *Clube da Esquina*. Lô também se tornou uma espécie de compositor cult da geração atual, que busca inspiração em sua música. De certo modo, essas convergências dão sequência ao espírito inaugurado pelo disco de 1972.

---

[87] Idem.
[88] Idem.

Epílogo

Peço licença, nestas considerações finais, para encerrar num tom mais pessoal. Se por um lado este álbum antológico marcou minha vida ao ouvi-lo pela primeira vez chegando à adolescência, por outro, não poderia imaginar que ao escrever sobre ele mais de quarenta anos depois mergulharia eu próprio numa viagem de volta à terra que me fez como pessoa. Nascido em Belo Horizonte num longínquo 1959, saí de Minas antes mesmo de completar um ano, de certo modo num caminho inversamente paralelo ao de Bituca, que nasceu no Rio e se mudou para Três Pontas com poucos meses de idade. Morei em muitos lugares e cidades desde então. E só voltei a Minas umas poucas vezes na infância e num fim de semana, já adulto, para uma festa de casamento.

Minas Gerais, no entanto, permaneceu como um lugar que me constitui. Fazem parte do meu temperamento todos os estereótipos de "mineirice", como a eterna desconfiança; a calma quase letárgica; a preguiçosa contemplação; a lógica tortuosa para chegar a conclusões simples; e o deslumbramento diante do oceano. Mas sobretudo a esquisita sensação de não pertencimento que sinto em todas as outras cidades onde vivi, especialmente o Rio de Janeiro de minha infância e vida adulta. Fazer este livro me permitiu, sem que pudesse prever, voltar ao meu passado mais primitivo, a um lugar remoto no tempo, onde pude encontrar e compreender intuitivamente a lógica e o sentimento que guiaram os membros do Clube da Esquina em sua aventura musical. E, assim, ao tentar refazer este enredo na primeira pessoa, também resgatei um pouco da minha história. Ou melhor, uma pré-história feita de sensações e impressões, que pude reassentar em minha alma.

Fechou-se inesperadamente um longo ciclo em minha vida, do mesmo modo como fechou-se um ciclo na vida de Bituca, quando, levado por um amigo a um quarto de hotel em Nova York, ele foi apresentado, de surpresa, a Jeanne Moreau, a Catherine de *Jules et Jim*, que tanto o impressionara em 1964, a ponto de convertê-lo em compositor. Tantos anos depois, Bituca pôde contar a Jeanne o impacto que o filme de Truffaut e sua interpretação tiveram em sua vida, a ponto de mudar o seu destino. E ela, emocionada, respondeu que a arte tem este aspecto imponderável e maravilhoso, segundo o qual o artista nunca tem uma ideia precisa de como vai tocar a vida dos outros.

Posso dizer que o Clube da Esquina fez o mesmo comigo. Por meio de sua trilha sonora, também me converteu de adolescente em adulto, e, agora, já bem além dos cinquenta anos, me devolveu a infância perdida, e me fez aceitar, serenamente, minha eterna condição de estrangeiro, onde quer que esteja.

Referências bibliográficas

ANDRADE, Oswald de. "Manifesto Antropófago". In ANDRADE, Oswald de. *Obras completas: A utopia antropofágica*. São Paulo: Editora Globo, 1990, p. 47-52.

AUGÉ, Marc. *Não lugares — Introdução a uma antropologia da supermodernidade*. Campinas: Papirus, 2012.

AUGUSTO, Sérgio e JAGUAR. *O melhor do Pasquim*. Antologia, volume I. Rio de Janeiro: Ed. Desiderata, 2006.

AZEVEDO, Beatriz. *Antropofagia — Palimpsesto Selvagem*. São Paulo: Cosac Naify, 2016.

BORGES, Márcio. *Os sonhos não envelhecem: Histórias do Clube da Esquina*. São Paulo: Geração Editorial, 2013.

BRITO, Antonio Carlos Ferreira de. *Não quero prosa/Cacaso*. Organização e seleção: Vilma Arêas. Campinas: Ed. da Unicamp; Rio de Janeiro: Ed. UFRJ, 1997.

CAMPOS, Augusto de. *Balanço da Bossa e outras bossas*. São Paulo: Ed. Perspectiva, 1974.

CASTRO, Eduardo Viveiros de. "O mármore e a murta: sobre a inconstância da alma selvagem". In CASTRO, Eduardo Viveiros de. *A inconstância da alma selvagem*. São Paulo: Cosac Naify, 2002, p. 181-264.

CHACAL. *Uma história à margem*. Rio de Janeiro: 7Letras, 2010.

COHN, Sergio (org.). *Nuvem Cigana: poesia & delírio no Rio dos anos 70*. Rio de Janeiro: Azougue, 2007.

COELHO, Frederico e COHN, Sergio (orgs.). *Tropicália (Coleção Encontros)*. Rio de Janeiro: Azougue, 2008.

COELHO, Frederico. "Quantas margens cabem em um poema? Poesia marginal ontem, hoje e além". In FERRAZ, Eucanaã (org.). *Poesia marginal: palavra e livro*. São Paulo: Instituto Moreira Salles, 2013, p. 11-41.

COSTA E SILVA, Paulo da. *A tábua de esmeralda: Jorge Ben Jor*. Coleção O livro do disco. Rio de Janeiro: Cobogó, 2014.

DINIZ, Sheyla Castro. *Nuvem Cigana: A trajetória do Clube da Esquina no campo da MPB*. Dissertação de mestrado. Universidade Estadual de Campinas. Instituto de Filosofia e Ciências Humanas, 2012.

FERREIRA, Laudo (roteiro e desenhos) e VIÑOLE, Omar (arte-final e cores). *Histórias do Clube da Esquina*. São Paulo: Devir, 2011.

FREITAS FILHO, Armando; HOLLANDA, Heloisa Buarque de; e GONÇALVES, Marcos Augusto. *Anos 70: Literatura*. Edições Europa [s/d].

GALVÃO, Luiz. *Anos 70: Novos e baianos*. São Paulo: Editora 34, 1997.

GALVÃO, Luiz. *Novos Baianos: A história do grupo que mudou a MPB*. São Paulo: Lazuli Editora, 2014.

GARCIA, Luiz Henrique Assis. *Na esquina do mundo: Trocas culturais na música popular brasileira através da obra do Clube da Esquina (1960-1980)*. Tese de doutorado. Belo Horizonte: Faculdade de Filosofia e Ciências Humanas. Universidade Federal de Minas Gerais, 2006.

GARCIA, Luiz Henrique Assis. *Coisas que ficaram muito tempo por dizer. O Clube da Esquina como formação cultural*. Dissertação. Belo Horizonte: Faculdade de Filosofia e Ciências Humanas. Universidade Federal de Minas Gerais, 2000.

GAVIN, Charles (entrevistador). *Clube da Esquina (1972) — Entrevistas a Charles Gavin: Lô Borges e Milton Nascimento*. Rio de Janeiro: Imã Editorial/Livros de Criação, 2014.

HOLLANDA, Heloisa Buarque de. *26 poetas hoje*. Rio de Janeiro: Aeroplano, 1998.

HOLLANDA, Heloisa Buarque de. *Asdrúbal Trouxe o Trombone: Memórias de uma trupe solitária de comediantes que abalou os anos 70*. Rio de Janeiro: Aeroplano, 2004a.

HOLLANDA, Heloisa Buarque de. *Impressões de viagem: CPC, vanguarda e desbunde*. Rio de Janeiro: Aeroplano, 2004b.

LEMINSKI, Paulo. *Uma carta uma brasa através. Cartas a Régis Bonvicino (1976-1981)*. Seleção, introdução e notas de Régis Bonvicino. São Paulo: Iluminuras, 1992.

LÉVI-STRAUSS, Claude. "A eficácia simbólica". In LÉVI-STRAUSS, Claude. *Antropologia estrutural*. Rio de Janeiro: Tempo Brasileiro, 1975, p. 215-36.

LINS, Paulo. *Cidade de Deus*. São Paulo: Companhia das Letras, 1997.

LOSSO, Eduardo Guerreiro B. e MORAES, Pedro Sá (orgs.). *Música Chama*. Rio de Janeiro: Editora Circuito, 2016.

MACIEL, Luiz. "A arte de colocar no som o que a censura tirou da letra... E fazer um disco revolucionário". In ALBUQUERQUE, Célio (org.). *1973, o ano que revolucionou a MPB: A história por trás dos discos que transformaram a nossa cultura*. Rio de Janeiro: Sonora, 2013, p. 255-264.

MERQUIOR, José Guilherme. "Kitsch e antikitsch (arte e cultura na sociedade industrial)". In MERQUIOR, José Guilherme. *Formalismo e tradição moderna: O problema da arte na crise da cultura*. São Paulo: É Realizações, 2015, p. 44-98.

MOHERDAUI, Wilson. "Entrevista Milton Nascimento (abril/1972)". In JOST, Miguel e COHN, Sergio (orgs.). *O Bondinho*. Rio de Janeiro: Beco do Azougue, 2008.

MOLES, Abraham. *O kitsch*. São Paulo: Ed. Perspectiva, 1971.

MOREIRA, Ricardo. "A liberdade é Araçá Azul". In ALBUQUERQUE, Célio (org.). *1973, o ano que revolucionou a MPB: A história por trás dos discos que transformaram a nossa cultura*. Rio de Janeiro: Sonora, 2013, p. 89-97.

NUZZI, Vitor. *Geraldo Vandré: Uma canção interrompida*. São Paulo: Editora Scortecci, 2015.

OLIVEIRA, Bernardo. *Estudando o samba: Tom Zé*. Coleção O Livro do Disco. Rio de Janeiro: Cobogó, 2014.

PIRES, Paulo Roberto (org.). *Torquatália: Obra reunida de Torquato Neto.* Rio de Janeiro: Rocco, 2004.

ROSA, João Guimarães. *Grande sertão: veredas.* Rio de Janeiro: Nova Fronteira, 2001.

ROCHA, João Cezar de Castro. "Oswald em cena: O Pau-Brasil, o brasileiro e o antropófago". In ROCHA, João Cezar de Castro e RUFFINELLI, Jorge (orgs.). *Antropofagia hoje? Oswald de Andrade em cena.* São Paulo: É Realizações, 2011.

SALOMÃO, Waly. *Poesia total.* São Paulo: Companhia das Letras, 2014.

SEBADELHE, José Octávio e PEIXOTO, Luiz Felipe de Lima. *1976: Movimento Black Rio.* Rio de Janeiro: José Olympio, 2016.

VELOSO, Caetano. *Verdade tropical.* São Paulo: Companhia das Letras, 1997.

VIANNA, Hermano. "Políticas da Tropicália". In BASUALDO, Carlos (org.). *Tropicália: uma revolução na cultura brasileira.* São Paulo: Cosac Naify, 2007, pp. 131-42.

Periódicos, revistas e sites

BLOCH, Arnaldo. "A alma secreta do nome de um lugar". *O Globo.* Rio de Janeiro, 14 jun 2015, Segundo Caderno.

BORGES, Lô. "Memórias de Mar Azul: Niterói, 1972". *Folha de S.Paulo.* São Paulo, 24 jan 2016, Ilustríssima.

COELHO, Fred. "Os sons de uma amizade". *O Globo.* Rio de Janeiro, 17 jun 2015, Segundo Caderno, p. 2.

BRANT, Fernando. "O poeta do clube". *O Globo.* Rio de Janeiro, 14 jun 2015, Segundo Caderno, p. 3.

LICHOTE, Leonardo. Alaíde Costa: "80 anos de sutileza". *O Globo.* Rio de Janeiro, 24 out 2015, Segundo Caderno, p. 4.

Obituário: Fernando Brant: "Um poeta que levava o amigo no lado esquerdo do peito". *O Globo.* Rio de Janeiro, 13 jun 2015, Editoria Rio, p. 12.

NASCIMENTO, Milton. "Sou o que sou: um músico". *O Globo*. Rio de Janeiro, 23 mar 1972, Segundo Caderno, p. 1.

Filmes e documentários

Sobre amigos e canções (História do Clube da Esquina — A MPB de Minas Gerais). Direção e roteiro: Bel Mercês e Leticia Gimenez, 2005.
Clube da Esquina. Direção: Diogo de Oliveira.
Os filhos de João — O admirável mundo novo baiano. Direção: Henrique Dantas, 2009.
Vinícius. Direção: Miguel Faria Jr. Produção: Susana de Moraes, 2005.
Uma noite em 1967. Direção: Renato Terra e Ricardo Calil, 2010.

As canções do *Clube da Esquina*

Disco 1, lado A
1. "Tudo o que você podia ser". Autores: Lô Borges e Márcio Borges. Intérprete: Milton Nascimento.
2. "Cais". Autores: Milton Nascimento e Ronaldo Bastos. Intérprete: Milton Nascimento.
3. "O trem azul". Autores: Lô Borges e Ronaldo Bastos. Intérprete: Lô Borges.
4. "Saídas e bandeiras nº 1". Autores: Milton Nascimento e Fernando Brant. Intérpretes: Milton Nascimento e Beto Guedes.
5. "Nuvem cigana". Autores: Lô Borges e Ronaldo Bastos. Intérprete: Milton Nascimento.
6. "Cravo e canela". Autores: Milton Nascimento e Ronaldo Bastos. Intérpretes: Milton Nascimento e Lô Borges.

Disco 1, lado B
1. "Dos Cruces". Autor: Carmelo Larrea. Intérprete: Milton Nascimento.
2. "Um girassol da cor de seu cabelo". Autores: Lô Borges e Márcio Borges. Intérprete: Lô Borges.
3. "San Vicente". Autores: Milton Nascimento e Fernando Brant. Intérprete: Milton Nascimento.
4. "Estrelas". Autores: Lô Borges e Márcio Borges. Intérprete: Lô Borges.
5. "Clube da esquina nº 2". Autores: Milton Nascimento e Lô Borges. Intérprete: Milton Nascimento (voz e violão).

Disco 2, lado A
1. "Paisagem da janela". Autores: Lô Borges e Fernando Brant. Intérprete: Lô Borges.
2. "Me deixa em paz". Autores: Monsueto C. Menezes e Ayrton Amorim. Intérpretes: Alaíde Costa e Milton Nascimento.
3. "Os povos". Autores: Milton Nascimento e Márcio Borges. Intérprete: Milton Nascimento.
4. "Saídas e bandeiras nº 2". Autores: Milton Nascimento e Fernando Brant. Intérpretes: Milton Nascimento e Beto Guedes.
5. "Um gosto de sol". Autores: Milton Nascimento e Ronaldo Bastos. Intérprete: Milton Nascimento.

Disco 2, lado B
1. "Pelo amor de Deus". Autores: Milton Nascimento e Fernando Brant. Intérprete: Milton Nascimento.
2. "Lilia". Autores: Milton Nascimento e Fernando Brant. Intérprete: Milton Nascimento.
3. "Trem de doido". Autores: Lô Borges e Márcio Borges. Intérprete: Lô Borges.
4. "Nada será como antes". Autores: Milton Nascimento e Ronaldo Bastos. Intérpretes: Milton Nascimento e Beto Guedes.
5. "Ao que vai nascer". Autores: Milton Nascimento e Fernando Brant. Intérprete: Milton Nascimento (voz e violão).

© Editora de Livros Cobogó, 2018

Organização da coleção
Frederico Coelho e Mauro Gaspar

Editora-chefe
Isabel Diegues

Edição
Fernanda Paraguassu, Natalie Lima e Valeska de Aguirre

Gerente de produção
Melina Bial

Revisão final
Eduardo Carneiro

Capa
Radiográfico

Projeto gráfico e diagramação
Mari Taboada

CIP-BRASIL. CATALOGAÇÃO-NA-FONTE
SINDICATO NACIONAL DOS EDITORES DE LIVROS, RJ

M48c Mello, Paulo Thiago de
Clube da esquina : Milton Nascimento e Lô Borges / Paulo Thiago de Mello. - 1. ed. - Rio de Janeiro: Cobogó, 2018.
128 p. (O livro do disco)

ISBN 978-85-5591-050-0
1. Nascimento, Milton, 1942-. 2. Borges, Lô, 1952-. 3. Composição (Música). 4. Música popular - Brasil. I. Título. II. Série.

18-49212
CDD: 781.3
CDU: 781.6

Leandra Felix da Cruz - Bibliotecária - CRB-7/6135

Todos os direitos reservados à
Editora de Livros Cobogó Ltda.
Rua Gen. Dionísio, 53, Humaitá
Rio de Janeiro — RJ — Brasil — 22271-050
www.cobogo.com.br

O LIVRO DO DISCO

Organização: Frederico Coelho | Mauro Gaspar

*The Velvet Underground | **The Velvet Underground and Nico***
Joe Harvard

*Jorge Ben Jor | **A tábua de esmeralda***
Paulo da Costa e Silva

*Tom Zé | **Estudando o samba***
Bernardo Oliveira

*DJ Shadow | **Endtroducing...***
Eliot Wilder

*O Rappa | **LadoB LadoA***
Frederico Coelho

*Sonic Youth | **Daydream nation***
Matthew Stearns

*Legião Urbana | **As quatro estações***
Mariano Marovatto

*Joy Division | **Unknown Pleasures***
Chris Ott

*Stevie Wonder | **Songs in the Key of Life***
Zeth Lundy

*Jimi Hendrix | **Electric Ladyland***
John Perry

*Led Zeppelin | **Led Zeppelin IV***
Erik Davis

*Neil Young | **Harvest***
Sam Inglis

*Beastie Boys | **Paul's Boutique***
Dan LeRoy

*Gilberto Gil | **Refavela***
Maurício Barros de Castro

*Nirvana | **In Utero***
Gillian G. Gaar

*David Bowie | **Low***
Hugo Wilcken

*Milton Nascimento e Lô Borges | **Clube da Esquina***
Paulo Thiago de Mello

Tropicália ou Panis et circensis
Pedro Duarte

*Clara Nunes | **Guerreira***
Giovanna Dealtry

*Chico Science & Nação Zumbi | **Da lama ao caos***
Lorena Calábria

*Gang 90 & Absurdettes | **Essa tal de Gang 90 & Absurdettes***
Jorn Konijn

*Dona Ivone Lara | **Sorriso negro***
Mila Burns

*Racionais MC's | **Sobrevivendo no inferno***
Arthur Dantas Rocha

*Nara Leão | **Nara — 1964***
Hugo Sukman

*Marina Lima | **Fullgás***
Renato Gonçalves

*Beth Carvalho | **De pé no chão***
Leonardo Bruno

*Os Paralamas do Sucesso | **Selvagem?***
Mario Luis Grangeia

*Letrux | **Em noite de climão***
Roberta Martinelli

2025

2ª reimpressão

Este livro foi composto em Helvetica.
Impresso pela Gráfica Viena,
sobre papel offset 75g/m².